박이문의 문학과
철학 이야기

차례
Contents

문학과 철학의 경계를 넘어서

 '불확정성'이라는 안개가 최근 사고의 모든 구석에 번져 스며들고 있다. 객관적 존재로서의 산과 들, 진리로서의 사람과 강아지, 가치로서의 아름다움과 추함, 의미로서의 언어의 내용과 형식 등이 뒤범벅되어 우리는 우리가 추구해야 할 것이 무엇인지 분간할 수가 없는 상황이다. 모든 것의 한계와 그것들 간의 관계가 흐리멍덩하고 애매하여 확실한 것은 아무것도 없다. 특히 철학과 문학의 경계는 70년대를 전후하여 등장한 데리다(J.Derrida)의 해체주의, 로티(R.Rorty)의 실용주의적 상대주의 등 이른바 포스트모더니즘과 궤를 같이 하여 그 경계가 파괴되었고, 이는 '불확정성'의 범람과 무관하지 않다고 생각된다.

전통적으로 철학과 문학의 구별은 자명한 것으로 여겨졌다. 그러나 이른바 포스트모던 시대에 이르러서는 위와 같은 철학과 문학의 구별이 단호히 부정된다. 그렇다면 정말 철학과 문학은 근본적으로 구별되지 않는 것인가? 그것들의 구별이 있다면 그 구별의 근거는 무엇이고, 없다면 그 이유는 또 어디에 있는가?

이들 간의 차이나 동일성을 따지려면 철학, 문학이라는 이름 하에 쓰인 텍스트들을 구체적으로 놓고 그 텍스트 간의 차이점 혹은 동일성 그리고 그것들 간의 관계를 검토해야 할 것이다. 그런데 문제는 철학적 텍스트와 문학적 텍스트가 글쓰기의 차이에 의해 구별되지 않는다는 것이며, 이것은 양자의 구분이 전문 언어의 선택이나 표현법에 근거하지도 않는다는 것을 함의한다. 바꿔 말해, 문학과 철학의 구분이라는 게 우리가 생각하는 것처럼 그렇게 쉽지는 않다는 것이다.

이 책에서 나는 이러한 근원적 물음들을 독자 여러분과 더불어 나누고자 하며, 내가 그동안 여러 지면을 통해 발표한 글들 중 특히 문학과 철학의 경계를 넘나들면서 써 보았던 몇 편을 이 책에 모아 보았다. 필요에 의해 부분적인 가감이 불가피했음을 밝히며, 이 책이 나처럼 문학과 철학의 경계에서 고민하고 있을지도 모를 독자들에게 조금이나마 참고가 되었으면 하는 마음뿐이다.

문학은 철학적이어야 하는가?

문학 텍스트와 철학 텍스트의 구별

'꽃은 새가 아니야'라는 불평은 논리적으로 통하지 않는다. 꽃과 새는 분류상 전혀 다른 범주에 속하기 때문이다. 가령, 과학이 문학적 혹은 철학적이어야 한다는 주장이 통하지 않는 것은 그것들이 서로 다른 범주에 속하는 지적 활동이기 때문이다. 과학이 문학 혹은 철학 등과는 서로 다른 지적 활동의 범주에 속하는 것과 같이 문학과 철학도 서로 다른 범주에 속한다. 그렇다면 "문학이 철학적이어야 한다"는 주장은 "과학이 철학적이어야 한다"는 주장과 마찬가지로 통할 수 없다. 베르그송의 철학 텍스트 『창조적 진화』와 같이 문학적 가치가 높이 평가되어 노벨문학상을 받은 예외적인 경우도 있지만, 대체로 문학작품은 철학적 관점에서 해석되어 왔을 뿐만 아니라 문학작품의 분석과 비평에서 이와 같은 요구는 늘 있어왔다. 이러한 사실은 비록 문학과 철학이 서로 독립된 지적 활동의 범주에 속하더라도, 그것들의 관계가 서로 정확한 구별을 할 수 없을 만큼 밀접하다는 것을 암시한다.

자연, 사회, 인간에 대한 인식, 경험 그리고 사유는 문자가 생긴 이후 언제나 그리고 어디서나 텍스트로 표현되어 왔다. 오늘날 그러한 텍스트로서 문학, 역사, 철학, 과학 등이 구별되는 것은 자명하다 생각된다. 그러나 이러한 구별이 처음부터 모든 문화권에서 있었던 것은 아니다. 『삼국지』의 저자한테는 역사적 기록과 문학적 창작의 구별이 없었으며, 노자가 『도덕경』을 썼을 때도 그에게는 문학과 철학의 개념이 존재하지 않았다. 마치 개와 닭의 구별이 객관적으로 당연한 것처럼 우리는 꽤 오랫동안 문학과 철학의 구별 역시 자명한 것으로 생각해 왔지만, 문학, 역사, 철학, 과학 등의 학제적 구별은 근대 서양의 제도적 결정이며, 동양에서는 서양문화가 들어오기 전까지만 해도 그러한 구별을 해야 한다는 개념조차 존재하지 않았다.

근대적 이념이 '해체'되어가는 포스트모더니즘적 사조의 등장에 따라, 약 3세기에 걸쳐 자명하다고 생각되었던 학제적 구별에 의심이 제기되었고 어느덧 문학, 역사, 철학, 과학 등의 구별이 허상이거나, 그렇지 않다면 극히 애매모호하다는 것을 의식하기에 이르렀다. 이런 맥락에서 가령 데리다나 로티 같은 철학자들은 문학과 철학의 구별을 완강히 부정하고 나서게 되었다. 그러나 이러한 사실은 철학자 비트겐슈타인의 '가족유사성'이라는 개념 속에서 이미 지적되었고, 비트겐슈타인보다 약 반 세기 전에는 화가이자 조각가인 뒤샹이 건축기구 상점 또는 화장실에서 볼 수 있는 일반 변기를 미술 전람회장에 「샘물」이라는 제목이 붙은 '작품'으로 출품하여 근대 이후 자명한 것으로 여겨왔던 '예술'과 '비예술'의 근대적 구별의 허구성을 생생하게 지적한 바 있다.

학제적 범주가 각각 다른 텍스트들 간의 구별도 어렵지만 문학 텍스트와 철학 텍스트간의 구별은 더욱 그렇다. '문학'이나 '철학'의 개념에 익숙한 오늘날에도 눈으로 보고 머리로 읽는 것만으로는 플라톤의 『메논』이나 파스칼의 『팡세』, 볼테르의 『캉디드』, 루소의 『누벨 엘로이즈』, 키에르케고르의 『이것이냐 저것이냐』 그리고 사르트르의 『구토』 등과 같은 텍스트를 문학의 범주에 넣어야 할지 아니면 철학의 범주에 넣어야 할지 당황하게 된다. 이런 점에서 흔히 문학의 철학성이 강조되는 것은 우연이 아니다. 그렇다면 과연 문학과 철학을 구별할 수 없는가? 만일 대답이 부정적이라면 철학과 문학의 관계에 대한 어떠한 물음도 더 이상 의미를 가질 수 없을 것이다. "문학이 철학적이어야 하는가?"라는 물음도 마찬가지다.

텍스트를 보는 것만으로 문학과 철학을 구별할 수 없다는 사실이 그것들 간의 구별이 전혀 없음을 입증하지는 못한다.

해체주의자들이 주장하는 바와는 달리 문학과 철학은 역시 구별된다. 어떤 개념들이 각기 지칭하는 대상들과 지각적으로 구별되지 않는다고 해서 그것들의 구별이 없는 것은 아니듯 말이다. 많은 것들의 구별은 지각적으로가 아니라 제도적으로만 구별된다. 미혼자와 기혼자, 학생과 선생, 대통령과 장관 등은 분명히 구별된다. 그러나 이러한 구별은 지각적 속성이 아니라 어디까지나 제도적 약속에 근거한 것이다.

그러므로 '문학'과 '철학'이라는 개념이 각기 구별되고 또 그렇게 통용되는 한 거기에는 반드시 어떤 근거가 있을 것이다. 문학 텍스트와 철학 텍스트를 혼동할 수는 없다. 비록 지각적으로는 구별할 수 없더라도 두 개의 텍스트는 제도적 약정에 의해서 하나는 '문학'으로 그리고 다른 하나는 '철학'으로 구별될 수 있다. 이렇듯 문학과 철학의 구별은 양상적(modal) 약정에 근거한다.

하나의 명제는 칸트에 따르면 정언적(assertoric), 절대적(apodictic), 그리고 개연적(problematic) 양상이라는 서로 다른 입장으로 구분해서 해석될 수 있다고 한다. 한 명제가 정언적으로 혹은 단정적 양상으로 언명됐을 때 그것은 내용의 사실성에 대한 주장의 형태를 갖고, 따라서 우리는 그 명제의 진위를 언급할 수 있다. 반면 개연적 양상으로 언명되었을 때, 그것은 하나의 사실에 대한 주장이 아니라 가능성에 대한 제안에 그치므로, 그것에 대한 진위 판단은 논리적으로 합당하지 않다. 그것들은 각기 논리적으로 전혀 다른 기능을 갖기 때문이다.

문학과 철학, 더 정확히 말해서 문학 텍스트와 철학 텍스트도 이와 같이 양상론적 입장에서만 구별된다. 양상론적 관점에서 볼 때 그것들은 마치 개와 소, 식물과 동물이 다른 종류의 분류적 범주에 속하듯이, 각기 서로 독립된 텍스트적 범주에 속한다.[1)]

따라서 개가 소와 같아야 하고, 식물이 동물 같아야 한다는 것이 말이 되지 않는 것과 마찬가지로 "문학이 철학적이어야 한다"는 주장은 근거가 희박하다. 그러나 그런데도 불구하고 문학 텍스트의 철학적 의미해석이 중시되고 있으며, 때로는 문학작품의 분석에 철학이라는 잣대를 들이대는 것 또한 부인할 수 없는 현실이다. 이러한 사례는 문학과 철학이 실질적으로 뗄 수 없을 정도로 깊이 얽혀 있음을 암시한다.

문학의 철학성

철학의 기능과 문학의 기능

언어의 철학적 분석에서 한 문장의 기능은 흔히 '서술적', '정감적', '처방적'으로 분류된다. 서술적 문장이 어떤 대상에 대한 정보를 제공하여 지적 내용을 담고 있는 데 반해 정감적 및 처방적 기능은 정보적 내용을 담지 않는다.

모든 문장은 더 간단히 지적·정보적 의미를 갖는 것과 그렇지 않은 것으로 구분할 수 있다. 철학 텍스트와 문학 텍스트의 구별은 지적/정서적이냐 혹은 정보적/비정보적이냐는 입장에서 흔히 구별된다. 즉, 철학의 기능은 철학자와 독립되어 있는 어떤 사실을 전달하는 것임에 반해 문학의 기능은 어떤 대상 혹은 사건에 대한 작가의 정서적 반응을 무엇보다 중시한다. 이러한 생각은 칸트적 입장, 그리고 더 정확하게는 논리실증주의적 입장을 반영한 것으로 볼 수 있다.

우리는 철학 텍스트에서 어떤 정서적 감동보다는 세계와 인생에 대한 객관적 진리를 기대하는 데 반해 문학 텍스트에서는 그것보다 어떤 종류의 재미나 감동을 받고자 한다. 또한 철학적 텍스트는 그 내용의 진위 혹은 논지의 논리성에 의해서 평가되는 데 반해 문학 텍스트는 흔히 그것의 언어적 묘미와 그 이야기가 동반하는 감동에 의해서 평가된다. 이러한 사실은 철학과 문학의 기능이 각기 다르다는 사실을 증명한다.

정언적 양상과 개연적 양상

그러나 문제는 그렇게 단순하지 않다. 문학의 기능에 대한 위와 같은 견해와 모순되는 신념이 쉽사리 우리를 떠나지 않기 때문이다. 일반 독자나 문학평론가들, 문학연구가들의 문학에 관한 담론 속에는 문학이 과학이나 철학이 미칠 수 없는 세계와 인간에 대한 진리를 밝힐 수 있다는 신념이 있다. 문학작품을 단순히 작가의 감정의 표출로 볼 수 없고, 문학작품을 읽는 독자의 의도가 타자의 주관적 감정을 이해하는 데 있지 않다는 것은 작가나 독자에게 물어보면 자명해진다. 문학창작이 극히 복잡하고 긴장된 지성을 요구하는 활동이며, 문학작품을 읽는 가장 중요한 즐거움의 하나는 세계와 인간에 대해

눈을 뜨게 되는 기쁨에 있다는 사실은 부정할 수 없다. 문학작품을 통해서 우리는 미지의 세계와 인간에 대한 사실을 경험한다. 문학작품이 주는 감동이란 이러한 경험을 떠나서는 설명할 수 없다. 문학의 기능은 단순한 감정의 표출에 국한되지 않고 종국엔 진리의 탐구에 있다.

문학이 인식적(철학적) 내용을 갖는다는 주장은 문학과 철학의 양상론적 구별에 근거한 것이다. 하지만 '개연적' 존재양상을 갖는 문학 텍스트는 객관적으로 이미 존재하는 어떤 사실이나 사건의 서술이 아니라 그것이 언어적으로 의미하는 사실, 사건, 상황의 개연성에 기초한다. 물론 개연적인 것, 즉 상상으로 진위 판단이 가능한 진술이란 논리적으로 불가능하며, 진위 판단이 논리적으로 불가능한 내용은 인식·지식의 대상이 될 수 없다. 그런데도 문학이 인지적·정보적 내용, 즉 어떤 종류의 진리를 담을 수 있다는 믿음을 버릴 수가 없다. 결과적으로 인지, 정보, 진리의 개념을 보다 확대해서 사용하지 않으면 우리의 고민은 풀릴 수 있을 것 같지 않다.

정보·인지 개념의 확대

어떤 객관적 사물, 사건, 상황을 표상하는 텍스트는 그것이 그러한 사실을 우리에게 전달해 준다는 점에서 분명히 정보·인지적이다. 철학적 텍스트는 이러한 점에서 정보·인지적이다. 그러나 이미 객관적으로 존재하는 개를 지칭해 주거나 그

개의 속성을 표상하는 대신 '개'라는 동물의 존재 가능성 혹은 그렇게 존재 '가능한' 개의 '가능한' 속성을 생각할 수 있다면 그것은 세계와 세계의 속성을 보는 우리의 눈을 그만큼 열어줌을 뜻하고, 이러한 눈의 열림은 곧 넓은 의미에서 정보·인지적이라 하지 않을 수 없다.

요컨대 세계와 인간에 대한 개연성의 파악은 곧 세계와 인간에 대한 우리의 인식·정보의 폭의 확장을 뜻한다. 문학이 우리를 사로잡는 이유는 그 언어가 우리들의 감정을 자극하고 흥분케 해서가 아니라 우리가 지금까지 생각할 수 없는 사물, 사건, 사실을 상상을 통해서나마 볼 수 있게 도와줌으로써 세계와 인간을 보는 우리들의 시각을 그만큼 넓혀주기 때문이다. 철학적 텍스트의 양상이 정언적인 데 반해 문학적 텍스트의 양상이 개연적이라는 점에서 문학과 철학은 엄격히 구별되지만, 개연적 사물이나 사건, 사실만을 보여주는 문학 텍스트가 위와 같은 뜻에서 세계와 인간을 보는 우리의 시야를 확장해 준다는 점에서는 철학과 문학이 다같이 정보·지적이며, 바로 이런 점에서 철학의 경우와 마찬가지로 문학적 '진리'를 언급할 수 있다.

철학이나 과학 텍스트의 경우와 달리 문학 텍스트가 언급하는 세계와 인간 그리고 그러한 것들에 대한 신념과 느낌은 실재하는 것이 아니라 '허구적'인 것이고, 그러한 것들에 대한 문학적 표상이 정언적이 아니며, 개연적이기는 하지만 문학 텍스트가 필연적으로 세계와 인간에 관한 언급일 수밖에 없는 이상, 문학 텍스트는 개연적으로만이 아니라 필연적으로 넓은 뜻의 정보·인지적 내용을 가질 수밖에 없다. 그렇다면 문학은 곧 철학적이어야 한다는 말인가?

철학적 진리와 그 밖의 진리

철학이 정보·인지의 양식임에는 틀림없지만 모든 정보·인지가 철학적인 것은 아니다. 철학 외에 과학이, 과학 이전에 일상적 지각경험이 세계와 인간에 대한 정보를 제공한다. 철학적 지식 외에 과학적 그리고 지각적 진리가 있다. 비록 문학이 개연적 양상으로나마 세계와 인간을 언급하고, 그것들에 관해 넓은 뜻에서의 정보·진리를 제공한다고 하더라도 그러한 정보·진리는 반드시 철학적인 것이 아니고 과학적이거나 지각적인 것일 수도 있다. 이러한 사실에도 불구하고 한 문학작품이 철학적이 아님을 불평하면서 과학적이 아님을 불평하지 않는다면 그것은 문학적 정보·지식은 지각적 혹은 과학적 정보·지식과는 상관없고 오직 철학적 정보·지식하고만 밀접한 관계가 있음을 암시하는데, 이러한 까닭은 한편으로 지각적·과학적 지식과 다른 한편으로는 철학적 지식의 차이에 대한 전제에 연유한다.

분석철학적 주장에 의하면 이른바 현대의 철학적 문제라는 것은 세계나 인간에 대한 잘못된 관찰이 아니라 그러한 것들을 사용할 때 생기는 논리적 혼동에 기인하며, 따라서 철학적 기능은 언어의 개념적 분석을 통해서 그러한 혼동을 해명해주는 데 있다고 한다. 이런 뜻으로의 철학적 담론의 대상은 세계나 인간이 아니라 그러한 것들에 대한 정보·지식·신념을 표상하는 언어를 대상으로 하는 메타-정보·지식·신념의 표현이 된다. 이런 현대적 의미의 철학은 세계와 인간의 여러 개연성 혹은 가능성을 탐구하는 문학과 직접적 상관이 없다. 이러한 철학관과 달리 전통적 철학관에 의하면 지적 탐구양식으로서의 철학은 세계와 인간을 그 인식대상으로 하며, 그것들의 가장 궁극적 진리를 추구한다. 그럼에도 불구하고 철학이 과학과 구별되는 이유는 과학적 탐구대상이 가시적으로 지각될 수 있는 존재들인 데 반해서 철학적 탐구대상은 경험적으로 그 진위를 결정할 수 없는, 가령 신, 영혼, 선악, 역사의 의미 등 비가시적인 지각적 존재라는 데 있다. 문학이 탐구하는 것이 가시적으로 그 진위를 가려낼 수 있는 물리적 자연현상이 아니라 인생의 의미, 도덕적 선악의 문제, 미적 가치, 우주적 존재의 의미라는 것을 인정한다면, 문학은 철학이 탐구하는 것과 다를 바 없다. 이러한 점에서, 문학이 과학적이기를 요구하지 않고 오직 철학적이기만을 요구하는 이유를 알 수 있다. 그렇다면 문학은 어떻게 철학일 수 있으며, 과연 문학은 꼭 철학적이어야 하는가?

문학의 철학적 세 가지 가능성

    문학작품은 서로 다른 세 가지 뜻에서 '철학적'일 수 있다.[2]

    첫째는 문학작품 속에 들어 있는 철학적 이야기이다. 문학작품은 작중 인물들의 입을 통해서 인생의 의미, 선악의 문제, 진리의 본질, 영혼, 자아의 정체성, 신의 존재 등등 이른바 전통적인 철학적 문제들에 대한 담론을 그 속에 고스란히 담을 수 있다. 단테의 『신곡』, 밀턴의 『실낙원』, 셰익스피어의 『햄릿』, 괴테의 『파우스트』, 도스토예프스키의 『카라마조프의 형제들』, 아누이의 『안티고네』, 사르트르의 『구토』, 이문열의 『사람의 아들』 등이 두드러진 예들이다. 『신곡』에는 죽음 후의 삶에 대한 사념적 사색이 펼쳐져 있고, 『실낙원』에는 종교에 비추어 본 인간의 타락의 문제가 언급되어 있으며, 『햄릿』의 주인공은 존재와 무에 대한 철학적 고민을 한다.『카라마조프의 형제들』속에서는 신의 존재여부에 대한 토론이 전개되고,『안티고네』에서는 도덕적 가치에 대한 상반된 주장이 갈등을 보이고,『구토』에는 모든 존재의 무의미에 대한 사색이 전개되며,『사람의 아들』속에는 참된 삶에 대한 작가의 사유가 주인공의 입을 통해서 기록되어 있다.

둘째, 문학의 옷(형식)을 입은 철학을 생각해 볼 수 있다. 이런 문학작품의 예로는 볼테르의『캉디드』와 괴테의『파우스트』, 헤르만 헤세의『싯다르타』를 들 수 있다.『캉디드』는 모든 것이 최선의 것이라 하여 결과적으로 현재의 모든 상황을 합리화하는 라이프니츠의 형이상학적 주장에 대한 신랄한 철학적 반박을 의도한 작품이고,『파우스트』는 지적 가치와 도덕적 가치가 양립할 수 없다는 철학적 입장을 한 과학자의 지적욕망을 통해 보여주고 있으며,『싯다르타』는 부처의 생애를 통해 불교적 진리를 전달한다. 위의 세 작품들은 논리적이고 이론적으로 잘 짜여진 철학적 담론과 다를 바 없으며, 문학의 형식을 빌려 각기 형이상학적 주장, 가치 선택의 철학적 어려움 그리고 하나의 종교적 진리를 설명하고자 한 것으로 볼 수 있다.

그리고 마지막으로, 예술작품 자체가 철학적인 경우도 생각해보아야 한다. 내용이나 존재양식이 곧바로 '철학적'인 작품의 경우는 현대 미술사에서도 그 예를 쉽게 찾을 수 있다. 뒤샹의「샘물」이래 팝-아트, 미니멀리즘, 설치미술, 개념미술

등으로 전개되는 현대 서양미술사는 작품활동 자체가 철학적 사유의 활동과 구별할 수 없다는 사실을 우리에게 대표적 예로 보여주고 있다. 그런가 하면 음악에서의 「4분 33초」(J.케이지)나 백남준의 '비디오 아트'도 이 경우에 해당할 것이다.

이렇게 몇몇 예를 들기는 했지만, 한 예술작품이 철학적 사유이자 명제인 가장 좋은 예로는 아무래도 판화가 M.C.에셔의 작업을 언급해야 하지 않을까 싶다. 그는 「폭포」를 비롯한 여러 작품들에서 영원한 철학적 문제들을 자기만의 고유한 방식으로 형상화시키고 있다. 지금까지 지배해 온 철학적 전통 특히 서양적 전통은 세계의 객관적 존재, 그 속에서 객관적으로 구별되는 개별적 존재들, 그러한 존재의 객관적 인식의 가능성을 자명한 사실로 전제한다. 그러나 에셔의 환상적 판화들은 우리들의 지각의 상대성, 객관적 세계의 불확정성, 모든 존재의 형이상학적 순환성 등을 시각적 창작물을 통해 우리에게 생생히 보여준다.

예술작품 그 자체가 하나의 철학으로 변신하는 경우는 문학작품에서도 얼마든지 찾을 수 있다. 수많은 고전 텍스트들에 대한 암시와 수많은 새로운 낱말의 조합을 통한 언어적 실험으로 가득 찬 『페네간스 웨이크』는 언어의 기능, 그 의미의 원천에 대한 근원적 물음을 던진다. 『고도를 기다리며』는 세 주인공의 얼토당토않은 대화와 행위의 표상을 통해서 그 자체가 신이 부재한 우주의 의미에 대한 물음으로 나타나고, 17세기 초의 스페인 작가 세르반테스의 유명한 소설, 『돈 키호테』

를 완전히 복사해 마치 그것이 자신의 창작품인 양 제시한 20세기 중엽의 아르헨티나의 가상적 작가 메나르의 이야기를 담은「피에르 메나르, 돈 키호테의 작가」등이 그것들이다.

뒤샹의「샘물」이 예술작품과 그렇지 않은 것의 구별의 근거를 물었듯이, 한 문학작품과 다른 작품을 구별할 수 있는 철학적 근거에 대한 물음은 이처럼 쉽게 끝이 보일 것 같지 않다. J.바스, T.핀천 등으로 대표되는 이른바 포스트모던적 실험적 작가들이 존재하는 한 이러한 근대적 의미의 근거 찾기는 도전의 대상이 될 수밖에 없고, 문학·철학 사이의 경계 허물기는 계속될 것이다.

'철학'의 분류적 뜻과 평가적 뜻

뒤샹의 「샘물」을 빼놓고는 현대 미술사를 얘기할 수 없게 되었고, 에셔의 「폭포」가 미술사가의 주목을 받게 된 것은 이들의 작품이 미학적으로 '아름답기' 때문이 아니라 오히려 '철학적'이기 때문이다. 이와 마찬가지로 조이스나 베케트, 보르헤스를 빼놓고 서양의 현대문학을 논할 수 없는 이유도 그들의 작품이 일반대중을 감동시키는 힘을 갖고 있는 것은 물론 그 자체를 일종의 '철학'으로 볼 수 있기 때문이다.

이처럼 그 존재양상의 상이점에도 불구하고 문학과 철학은 넓은 뜻에서 정보·인지적이라는 공통분모를 공유한다. 그렇다면, 많은 문학작품이 그것의 철학적 내용 때문에 각별하게 읽히고 평가된다면 문학은 반드시 '철학적'이어야 하는가? 만약 그렇다면 어떤 뜻에서 그러한가?

　문학 텍스트를 '철학적'이라 할 때, 우리는 이 언명의 의미는 두 가지로 구별해야 한다. 즉, '철학적'이라는 말에는 분류적 의미와 평가적 의미가 동시에 있다. 한 문학작품을 놓고 '철학적이다'라고 할 때, '철학적'이라는 낱말은 분류적으로는 그 문학작품이 철학의 범주 속에 내포됨을 뜻하는 반면, 평가적으로는 그 문학작품의 가치가 높음을 의미한다. 후자의 경우 '철학적'이라는 개념은 곧 중요한 평가적 내포, 즉 '가치 있는'이라는 은유적 의미를 갖는다. '철학'이라는 개념이 이 같은 은유적 의미를 갖게 된 까닭은 철학적 주제가 가장 근원적인 물음의 대상이며, 철학적 사유가 가장 근원적인 대답의 성격을 갖고 있다는 사실에서 그 원인을 찾을 수 있다.

　이와 같이 정리할 때, '철학적'이라는 말은 문학작품에는 분류적으로 사용할 수 없다. 즉, 분류적인 관점에서 한 문학작품을 '철학적'이라 하는 것에는 논리상의 오류가 있다. 왜냐하면 문학과 철학이 구별된 이상, 문학 텍스트와 철학 텍스트는 서로 독립된 분류적 범주에 속하기 때문이다. 바꿔 말해, '철학적'이라는 낱말은 오직 평가적으로만 문학작품에 적용될 수 있다. 그 이유는 철학적 탐구대상이 근원적이고 보편적인 존재이며, 철학적 사유의 성격이 가장 엄격하고 체계적이란 사실 때문이다.

　이런 맥락에서 "문학작품은 철학적이어야 한다"라는 말은 문학 텍스트를 철학 텍스트처럼 써야 한다는 것이 아니라 세계와 인간의 모든 문제를 깊이 그리고 넓게 생각하게 하는 문학작품, 즉 좋은 작품을 써야 한다는 것을 뜻한다. 모든 예술의 보편적 기능이 그러하듯이 문학의 핵심적 기능이 이미 우리가 보고, 느끼고, 생각하고, 알고 있는 것의 재현이 아니라 그것과는 다르게 새롭게 보고, 느끼고, 생각하고, 알 수 있는 가능성을 열어주는 데 있다면, 그러한 문학작품의 창작은 모든 차원에서 관습적 또는 상식적인 것을 반성하고 비판하는 작업이 될 것이며, 한 문학작품의 가치는 이러한 기능을 얼마나 잘 하고 있느냐에 따라 결정될 것이다. 그래서 문학작품의 가치는 그것에 담겨있는 철학적 깊이로만 평가될 수 없고 문체, 언어적 기교 등 수사학적 가치도 필수적으로 고려되어야 한다.

모든 꽃이 다 같이 아름답고, 엉터리 학생이나 교수도 분류적으로는 역시 학생이나 교수인 것과 마찬가지로, 깊이 혹은 가치가 없는, 즉 '철학적'이지 않은 엉터리 문학작품도 분류적으로는 역시 '문학작품'이라는 데는 변함이 없다. 따라서 분류적으로는 문학이 반드시 '철학적'이어야 할 필요는 없는 것이다. 그럼에도 불구하고 문학이 철학적이어야 한다면 그것은 천박한, 즉 '비철학적' 문학작품이 득세하는 오늘의 문학적 현실에 대한 비판적 기능 때문이리라. 그리고 이러한 비판적 기능은 문학적 견지에서뿐만 아니라 문화적 및 사회 전체의 시각에서 극히 중요하다고 생각한다.

문학적 언어와 철학적 언어

흔히 우리들은 언어는 인간의 어떤 생각이나 감정을 표현하는 도구라고 믿고 있다. 그러나 좀더 구체적으로 생각할 때, 우리들은 언어를 떠난 의식을 생각할 수 없음을 알게 된다. 역설같이 보일지 모르나 어떠한 종류의 언어로도 전혀 표현되지 않는 생각이나 느낌이란 있을 수 없다. 의식과 언어는 같은 심리현상의 표리(表裏)와 같은 관계를 갖고 있다.

모든 의식현상은 반드시 언어표현과 병행하지만, 의식현상은 이성의 활동으로서의 지적 측면과 감성의 표현으로서의 정적 측면으로 구분될 수 있다. 하늘이 푸르다든가 혹은 높다고 할 때의 우리들의 의식은 지성의 측면을 나타내는 예이며 기분이 좋다 혹은 나쁘다고 할 때의 우리들의 의식은 감성의 측면을 나타내는 예가 되겠다.

이와 같이 완전히 다른 기능을 하는 두 개의 의식은 두 개의 다른 언어가 아니라 불가피하게 같은 하나의 언어로써 존재하기 때문에, 어떤 언어가 지식의 지적 측면을 표현하는 것인지 혹은 지식의 감성적 측면을 표현하는 것인지가 혼돈되어 구별되지 않는 경우가 흔히 있다. 이러한 언어기능의 혼란은 특히 문학과 철학의 혼란으로 나타나기도 한다. 일반 문학애호가는 물론 고등교육을 받은 사람이나 또는 문학을 전공으로 하는 문학자 그리고 작가 중에서도 문학과 철학에 대한 명석한 구분을 하지 못하는 경우는 흔히 있는 듯하다. 사실 문학과 철학의 분야가 확실히 구별되지 않는 까닭은 대부분의 문학작품, 특히 고전으로 취급되는 걸작들이 예외 없이 선악이란 윤리적 문제, 진위(眞僞)의 인식적 문제, 인생의 목적이나 의미에 대한 문제와 같은 철학적인 문제를 제기하고 있기 때문일 것이다. 특히 도스토예프스키, 사르트르 혹은 카뮈 등 실존주의적 경향을 띤 작가들은 그들의 작품에서 두드러지게 철학적인 면을 강조하고 있는 것으로 보인다. 많은 사람들은 이들의 작품이 철학적 문제들에 대해 설명해 주고 또 나름의 대답을 제공하고 있기 때문에 감명을 받는다. 그런가 하면 적지 않은 철학저서들이 우리에게 철학적인 내용뿐 아니라 문학적인 즐거움을 주기도 한다. 요약해 말하자면, 문학에서 완전히 철학적인 내용을 떼어버릴 수 없는 동시에 철학에서 문학적인 면을 떼어낼 수 없다.

그러나 분명한 사실은 한 문학작품은 그 자체로 철학이 아니며 아무리 예술적 향취를 풍기는 철학저서라 할지라도 그 자체로 문학이 될 수는 없다. 똑같은 언어로 쓰인 두 종류의 언어의 표상은 이렇듯 논리적으로 각기 완전히 다른 기능을 한다. 그렇다면 문학으로서의 언어와 철학으로서의 언어는 어떻게 다른가?

언어의 두 기능

'강아지'란 말은 이 표현의 객관적 대상, 즉 실제로 우리가 만지고 볼 수 있는 구체적인 개를 나타내는 기호이며, 이 '강아지'란 말과 구체적 개와의 관계를 앎으로써 우리는 비로소 '강아지'란 말의 진정한 뜻을 알게 된다. 이와 같은 것이 언어가 갖는 가장 큰 기능 중 하나이긴 하지만 이것이 모든 언어의 기능을 대표하는 것은 아니다. 언어는 이 밖에 또 다른 기능도 갖고 있다. 언어는 반드시 대상을 기록하는 데만 쓰이지 않고 대상이 없어도 충분히 그 뜻을 가질 수 있다.

요약하면, 언어에는 인식적 기능과 비인식적 기능이 있다. 인식적 기능을 가질 때의 언어는 어떤 사물이나 생각을 기록하거나 혹은 어떤 이론을 전개할 경우에 쓰는 언어로서 지식(앎)과 직접 관계된다. 다음과 같은 언어사용의 경우가 이에 해당하는 예가 되겠다.

① 복순이의 얼굴은 둥글다.
② 하나에 둘을 더하면 셋이다.
③ 복순이의 얼굴이 검은 것은 햇볕에 탔기 때문이다.

①과 ②의 경우 언어는 어떤 객관적 사실을 있는 그대로 기록하는 것이며, ③의 언어는 어떤 객관적 사실에 어떤 판단이 추가되어 있다. ①, ②는 모두 원칙상 언어를 쓰는 사람의 감정이나 태도와 완전히 독립된 객관적 사실이나 사건을 기록한 것이다. 이것이 앞서 말한 언어의 인식적 기능이다. 이와 반대로 비인식적 기능을 가질 때의 언어는 어떤 사실이나 사건을 평가하는 데 쓰이거나, 혹은 어떤 것을 주관적으로 표시하는 데 쓰이는 경우에 해당한다. ④ 복순이의 얼굴은 예쁘다. ⑤ 복순이의 마음은 착하다 등이 그 예이다. 또한 복순이가 화를 내며 어린 동생을 때리려고 하는 것을 목격한 그녀의 엄마가 ⑥ "복순이 착하지" 라고 할 때도 ④, ⑤와 같은 기능을 하게 된다. 다시 말해, 언어는 ④와 ⑤의 예에서와 같이 어떤 사실이나 사건을 객관적 대상으로서 기록하는 데 그 목적이 있지 않고, 어떤 대상 앞에서 언어사용자의 주관적 태도 또는 느낌을 나타내거나 ⑥의 경우처럼 언어사용자의 소원을 표할 수도 있다. 특히 ⑥의 경우는 그 말을 쓰는 사람이 "복순이는 착하다"라고 단순히 평가하는 데 그치지 않고, 이런 말을 통해서 복순이가 화를 내지 말 것을 바란다는 뜻이 동시에 포함되어 있다.

서술언어와 메타언어

문학과 철학의 차이를 보다 잘 이해하기 위해서는, 앞서와 같이 크게 두 개로 나뉘는 언어의 기능을 다시 세분하여 분석해 볼 필요가 있다.

첫째, 기능으로서의 인식언어는 서술언어(descriptive language)와 비(非)서술언어(non-descriptive language)로 다시 구분된다. 앞서 본 예문 ①, ②, ③이 바로 서술언어에 속한다. 만일 내가 이런 말을 통해서 어떤 판단을 내릴 때, 나의 판단이 옳은가 옳지 않은가는 원칙적으로 결정될 수 있다. 왜냐하면 '둥글다'는 뜻이 정확히 무엇인가를 말하는 것인지 그 객관적 기준을 제시하기 힘들고, 설사 제시했다고 해도 그것이 수학에서 말하는 객관성과는 다르며, 복순이의 얼굴이 검게 탄 이유에 대한 옳고 그릇됨의 객관적 판단기준도 제시하기 어렵다. 객관적 기준은 그 언어를 쓰는 사람의 주관적인 감정이나 기분에 좌우되는 것이 아니다.

한편 인식언어의 후자의 경우, 즉 비서술언어는 어떤 사실 혹은 사건을 객관적으로 기록하거나, 그 사건의 객관적 원인, 결과를 언급하지 않고 "복순이의 얼굴이 둥글다." "하나에 둘을 더하면 셋이다." 혹은 "복순이의 얼굴이 검은 것은 햇볕에 탔기 때문이다"라는 뜻이 무엇인가를 따질 때 쓰이는 언어를 말한다. 다시 말하면 서술언어가 언어 이외의 어떤 사실, 사건 또는 사건의 연관성에 관한 언어인 데 반하여 인식언어로서의 비서술언어라 필자가 칭한 언어는 '이미 존재하는 언어'를 그 대상으로 한다. 다시 부언하면 그것은 언어에 대한 언어이다. 이러한 언어를 메타언어(meta-language)라고 부를 수 있겠다. 구체적인 실례를 들자면 인식언어로서의 서술언어는 모든 과학에서 쓰이는 언어 혹은 보고·보도 기록에서 쓰이는 언어로서 언어 밖의 어떤 객관적 사실이나 사건에 대한 지식 혹은 정보제공의 목적으로 사용되며, 인식언어로서의 비서술언어, 즉 메타언어는 전자와 같이 쓰인 언어에 대한 고찰 내지는 분석을 목적으로 하는 언어로서 그 구체적 실례는 철학이 된다.

근본적으로 철학은 과학과는 달리 직접 어떤 사건이나 사실을 다루지 않고 그 사건이나 사실에 대한 기록, 보고를 목적으로 한 언어 자체를 분석 혹은 비판함으로써 서술언어의 명확성 혹은 논리성을 따지는 데 있다. 가령 어떤 이가 "신(神)은 착하다"라고 할 때 철학자는 신이란 무엇인가, 어떤 근거에서 신이 존재한다고 믿을 수 있으며 어떤 근거로 신은 착하다고 할 수 있는가, 혹은 신이 있다는 사실과 우리가 경험하는 많은 불행, 불평등한 현실과는 모순이 없지 않은가 하는 것을 따진다. 한마디로 철학으로서의 언어는 현실에 대한 지식을 기록하는 것이 아니라 지식을 기록한 언어의 논리를 비평하고 분석하는 이차적 언어이다. 다시 말하면 철학언어, 즉 메타언어는 일반언어와 논리적으로 그 차원을 달리 하고 있다.

철학의 언어와 문학의 언어

지금까지의 언어기능의 분석을 통해서 우리는 철학으로서의 언어가 어떤 기능을 갖고 있으며, 이와 다른 경우의 언어와 어떻게 차원을 달리하고 있는가를 대략 살펴보았다. 문학과 철학이 어떤 관계를 갖고 있는가를 명확히 하기 위해 아래에서 우리는 문학으로서의 언어가 어떤 것인가를 먼저 언급하기로 하겠다.

문학은 어떤 객관적 사실, 사건을 기록하는 데 그 목적이 있지 않다. 단적으로 말하여 우리는 문학에서 과학적 지식, 즉 물리학·수학·생물학·사회학 등에서 체계적으로 배울 수 있는 지식을 얻으려고 하지 않는다. 마찬가지로 작가도 독자에게 어떤 지식을 전달하려고 작품을 쓰지 않는다. 물론 앞에서 잠깐 언급했듯이, 어떤 문학작품들에서는 작가 혹은 주인공을 통해서 어떤 주장이나 이론을 전개하는 등 철학적 부분이 얼마든지 발견되기도 한다. 그러나 우리는 작품 전체를 하나의 유기체, 즉 살아있는 예술품으로 보는 경우와, 그러한 문제를 전혀 도외시하고 그 속에 나타나는 단편적 성분을 예술성과는 아무 연관 없이 끄집어내어 생각하는 경우를 확실히 구별할 필요가 있다. 우리가 문학이라고 할 때, 우리는 언제나 단편적 부분으로서의 언어가 아니라 언어를 매개로 한 통일된 유기체로서의 전체 작품을 '문학언어'로 보아야 한다. 따라서 작품 내의 인식언어는 문학의, 즉 예술의 입장에서 볼 때는 오직 그 언어가 유기체로서의 문학작품 전체에 어떤 기여를 하는 한에 서만 의미가 있다.

한편 문학은 비인식적 언어로 기능하는 것이기에 행위언어 와도 구분된다. 물론 한 문학작품이 독자로 하여금 애국심을 불러일으키고 정의감을 불타게 해서 독자에게 어떤 행동을 유 발하게 하는 경우도 많고, 작가 자신이 그러한 효과를 노리는 경우도 없지 않겠지만, 이와 같은 것이 문학작품의 실질적 효 과는 아니다. 이는 문학의 본질적인 것이 못 되며 단지 부차적 인 것에 불과하다. 만약 문학의 기능이 그러한 행동을 일으키 는 데 있다면, 복잡한 작품을 쓰거나 혹은 읽을 것이 아니라 오히려 선전문이라든가 설명서라든가 법령 등에 의지하는 것 이 훨씬 더 효과적이고 경제적일 것이다.

인식언어도 아니요 행위언어도 아닌 문학은 그러므로 평가 언어일 수밖에 없다. 다시 말해, 한 예술작품으로서의 문학은 어떤 지식의 전달이나 이론의 전개에 근본적 목적이 있는 것 도 아니요, 그렇다고 어떤 행동을 불러일으키는 동력이 되는 것도 아니다. 문학작품은 어디까지나 한 작가가 자기의 체험, 교양을 밑바탕으로 해서 그가 보고 듣고 알고 있는 세계의 다 양한 현실에 대해서 느낀 것에 대해 취하는 태도임과 동시에 여러 경험에 대한 그의 평가가 구체적으로 표현된 것이다. 간 단히 말하자면 문학은 언어를 통한 인생의 재체험이다.

물론 평가언어로서의 문학작품이 옳다든가 그르다든가 하 는 판단을 내릴 수는 없다. 왜냐하면 그러한 가치평가 자체가 객관성을 띨 수 없기 때문이다. 가치란 인간의 감정 혹은 생각과 떼어서 볼 수 있는 사물이나 사태가 아니라, 인간의 욕망을 충족시켜 주는 모든 사물, 모든 행동에 불과한 것이다. 더 정확히 말해서 가치란 인간의 욕망과 그것을 채워주는 것과의 관계를 가리켜 말하는 것이다.

그러므로 가치 일반의 성격을 알 때 문학의 가치도 이해하기가 쉬워진다. 동물로서의 생리적 욕망을 비롯해서 알고자 하는 지적 욕망, 체험하고 느낀 것을 나타내는 표현하고자 하는 욕망 등 인간은 좋든 나쁘든 여러 종류의 욕망을 동시에 갖고 있게 마련이다. 그런데 문학은 과학과는 달리 인간의 표현욕을 만족시켜 주는 것이며, 문학에 있어서 표현의 매개는 말할 나위도 없이 언어이다. 작가는 스스로가 그런 욕망을 직접 스스로 충족시키고자 하며, 그것과 비례하여 자기가 쓰는 작품의 가치가 결정된다. 한편 독자는 자기 자신이 표현할 재능이 없기 때문에 남의 표현에 기대어 간접적으로 작가에 의해 표현되는 것을 봄으로써 독서를 즐기고 문학작품의 가치를 평가하는 것이다.

독창적이고 새로운 경험일수록 그것은 언어로 표현되기 어려운 것일 뿐만 아니라, 언어로 표현되기 이전의 그러한 경험이란 아무리 깊고 새로운 것일지라도 희미한 것으로 남아 있게 마련이다. 그렇기 때문에 이러한 희미한 경험이 '표현의 선수'라 할 수 있는 작가의 손을 빌어 표현되고, 그럼으로써 독자는 작품을 통해서 즐거움을 느끼고 새삼 참다운 경험을 하게 되는 것이다. 좋은 문학작품이란 이와 같이 지성 이전에 감성에 호소하며 그것을 만족시켜 주는 것이다.

결과적으로 문학은 철학이나 과학에서 말하는 진리를 우리에게 제시하지는 못하지만 독자에게 어떤 깊은 경험을 새삼 체험케 하며, 이러한 목적을 위해서 문학의 언어는 동원되고 언어 사용의 고유한 가치가 결정된다.

문학 속의 철학과 '문학철학'

우리는 이상에서 언어의 기능을 통해서 문학과 철학이 어떻게 다른가를 보아왔다. 문학언어의 의의는 지식에 관한 것, 객관적인 현실을 기술하는 데 있지 않고 언어를 통해서 한 작가가 자신이 체험한 세계를 표현함으로써 이를 독자와 더불어 공유한다는 데 있다. 바꿔 말해, 문학언어는 객관적 사실의 기록이 아니고, 작가가 구현한 작품 속의 현실과 인생에 대한 느낌이나 태도와 연관된 평가언어이다.

문학의 언어와 달리 철학의 언어는 인식언어에 속하지만, 철학에서 쓰이는 언어는 지식으로서의 언어, 즉 사실이나 사건 등 객관적 세계를 기록·보도하는 언어와는 달리 그것의 논리를 따지고 원칙을 따지는 '언어에 관한 언어'에 가깝다. 이와 같이 철학은 일반적으로 쓰이는 언어와는 차원을 완전히 달리하고 있으며, 지식으로서의 언어에 대해 철학이 가능한 것과 마찬가지로 평가언어로서의 문학에 관한 얘기가 가능하다. 다시 말하면 문학에 관한 철학적 고찰이 있을 수 있다.

이제 우리는 문학과 철학이 언어의 기능상 완전히 종류가 다르고, 동시에 차원이 다름을 알았다고 믿는다. 그렇다면 문학과 철학이 어떤 관계를 갖고 있는가를 살펴볼 필요가 있으며, 그러한 관계를 정확히 이해함으로써 문학과 철학에 있어서 서로 다른 두 개의 언어가 가지는 기능이 더 확실해지고, 그럼으로써 철학은 철학으로서 문학은 문학으로서 더욱 확실하게 자리매김할 수 있으리라 본다.

문학과 철학과의 관계는 '문학 속의 철학'과 '문학철학'이란 측면에서 분석이 가능하리라 본다. '문학 속의 철학'은 하나의 문학언어를 하나의 살아 있는 예술작품으로 보는 것이 아니라 오직 그 작품 속에서 막연하게라도 제시된 철학적 문제에 관심을 집중시키는 것이다. 예를 들면 프루스트의『잃어버린 시간을 찾아서』에서 프루스트가 시간을 어떻게 보았는가, 그의 시간에 대한 관점이 예를 들어 칸트나 하이데거와 같은 철학자들의 시간에 대한 관점과 어떻게 다른가, 혹은 프루스트의 시간에 대한 철학적 관점은 어떠한 이론을 바탕으로 하고 있는가를 고찰하는 것이다. 혹은 사르트르의 작품『구토』에서 인간의 자유에 대한 관점은 무엇이고, 어째서 그와 같은 결론이 나왔으며, 그 이론이 논리적으로 정확한지의 여부를 따질 수도 있다. 또한 소포클레스나 아누이의 작품『안티고네』에서 윤리의 기준이 어떤 것으로 결정되었는지, 혹은 최인훈의『놀부뎐』은 어떤 형이상학을 갖고 있는지를 캐볼 수도 있다.

이렇듯 우리가 문학 속의 철학에 흥미를 갖는 이유는 그러한 철학적 바탕을 잘 이해했을 때 문학작품을 이해하고 감상하는 데 도움이 되기 때문이다. 그런데 문학 속의 철학은 어디까지나 문예비평과는 다르고, 다만 사상사에 대한 일종의 이해라고 보아야 할 것이다.

문학 속의 철학과 달리 '문학철학'은 단적으로 말해서 문학 자체에 대한, 문학에서 제기되는 여러 원칙의 문제 등에 대한 분석이요 고찰이다. 이것은 미학의 일부가 될 것이다. '문학철학'이란 말은 물론 아직 학계에서 통용되고 있는 용어는 아니지만 과학철학, 언어철학, 법철학 등과 같은 맥락에서 충분히 이해될 수 있는 개념이며, 또 그러한 철학이 가능할 것임은 당연하다.

문학작품을 직접 읽지 않고도 우리는 "문학이란 무엇인가"라는 질문을 던질 수 있다. 어떤 작품을 걸작 혹은 졸작으로 평가하는 데 있어서는 과연 어떤 기준이 적용되었고, 그 기준이 정당한가 아닌가를 따져볼 수 있다. 우리는 흔히 어떤 작품을 아름답다, 혹은 깊이가 있다고 말하는데, 문학에서 아름답다거나 깊이가 있다는 말은 무슨 뜻인가에 대해서도 생각해볼 수 있다. 우리는 또한 문학작품의 객관적 가치평가가 가능한가 아닌가, 그것이 가능치 않다면 어째서 그러한가 등의 문제도 따져 볼 수 있다. 바로 이러한 문제제기는 이른바 미학의 문제요, 철학적 문제인 것이며, 문학철학의 근거가 될 것이다.

지금까지 살펴보았듯, 문학과 철학에서 언어가 가지는 각각의 기능은 적잖이 차이가 난다. 그러나 그렇다고 철학이 문학보다 귀하다거나 문학이 철학보다 더 가치가 있다는 말은 전혀 아니다. 문학은 문학으로서의 귀중한 기능이 있고, 철학은 철학으로서 문학이 못하는 기능을 하고 있기 때문이다. 요점은 문학과 철학이 가지는 엄연히 서로 다른 기능과, 그 두 범주에서 사용되는 두 종류의 언어가 가지는 관계를 명확히 함으로써 철학의 가치와 문학의 가치를 보다 더 존중하고 즐길수 있다는 사실이다.

예술과 진리

　예술작품을 사상의 표현으로 보아야 하고, 예술작품의 가치를 사상의 깊이나 무게에 의해서 저울질해야 한다는 것은 하나의 상식이 되어 있다. 단테의 문학작품 『신곡』을 그의 가톨릭 신앙의 표현이라 부르고, 베토벤 교향곡 5번 「운명」은 운명과 싸우는 인간의 승리를 나타낸 것으로 얘기한다. 피카소의 그림 「게르니카」를 반전(反戰) 사상의 표현이라 말하고, 자코메티의 조각인 여러 가지 나상(裸像)들은 그의 현실주의 사상의 표현이라고 얘기한다.

　이처럼 예술작품의 의미는 그 작품 이면에 있는 예술가의 사상에 의해 결정되고 이해된다. 여기에서는 이와 같은 예술관이 예술작품의 기능에 대한 착각에서 나온 것임과 그럼으로써 예술과 사상이 어떠한 관계를 갖고 있는가를 밝힐까 한다.

의미전달을 위한 매개물로서의 언어와 언어의 기능

사상을 갖고 있는 사람이 어떤 뜻을 전달하기 위해서 우리가 쓰고 있는 한국어·영어 등과 같은 자연언어 혹은 신호·기호와 같은 인위언어를 써야만 하듯이 예술가는 그가 뜻하는 바를 전달하려고 자연언어 이외에도 음(音)·색(色)·물체 등과 같은 매개물을 사용해야만 한다. 따라서 의미전달을 위한 매개물로서의 예술은 넓은 의미에서 하나의 언어이다. 한 인간이 표현·전달코자 하는 의미는 그 성질에 따라서 정확한 자연언어로써 표현될 수 있는 것과, 자연언어가 아닌 다른 언어로 표현될 수 있는 것으로 구별된다. 이러한 두 가지 의미를 '사상적 의미'와 '예술적 의미'로 부를 수 있다.

모든 자연언어는 인식적 의미와 감성적 기능의 두 가지 의미를 동시에 갖고 있다. 전자의 의미는 의미론의 입장에서 이해될 수 있으며 후자의 의미는 수사학의 관점에서 이해될 수 있다. 의미론적 의미를 외연적(外延的) 의미라고 부르고 수사학적 의미를 내포적(內包的) 의미라고 말한다. 가령 '강아지'라는 말의 뜻은 그 낱말의 보편적 개념을 의미하지만 그 낱말을 듣거나 읽는 사람의 과거에 있어서의 경험이나 기호에 따라 유쾌한 연상을 갖게 할 수도 있고 불쾌하거나 무서운 기분을 자아낼 수도 있는 것이다. 이것은 비단 자연언어뿐 아니라 예술언어, 즉 예술작품도 마찬가지다. 가령 자코메티의 빼빼 마른 초상(肖像)들을 보는 사람들의 대부분이 인간의 고독을 느끼게 된다 하더라도, 어떤 사람들은 그 초상에서 인간의 고독 외의 다른 뜻을 느낄 수도 있다. 이런 이유 때문에 우리는 언어의 의미를 다음과 같이 둘로 나누어 이해할 필요가 있다.

인식적 의미와 감성적 의미

존재형태상으로 볼 때 인식적 의미는 관념적이고 추상적인 데 반하여, 감성적 의미는 현상적이고 구체적이다. 전자는 언어의 내용을 형성하는 부분이요, 후자는 내용을 뜻하는 것으로 언어의 존재양식을 이루는 부분이다. 이것은 다시 의미내용, 즉 기의(signified)와 기호, 즉 기표(signifier)로 구별될 수 있다. 물론 의미내용과 기호가 실체적으로 분리될 수 없으나 이 두 가지는 개념상으로 보아 명확히 구분된다.

인식적 의미와 감성적 의미는 기능과 인식 방법상으로 보아서 지식 대 감동, 지성 대 감성으로 구별된다. 인식적 의미는 지식의 내용을 이루는 것임에 반하여 감성적 의미는 감동의 도수(度數)를 가리킨다. 전자는 지식을 넓히는 기능을 갖고, 후자는 감동의 도를 깊게 하는 기능을 갖는다. 또한 인식적 의미는 지성에 의해서 파악되고 감성적 의미는 감성에 의해서 체험된다는 차이점도 있다.

따라서 이를 '판단'이란 개념을 가지고 다시 분류하면 하나는 객관적 판단이 될 것이고 다른 하나는 주관적 판단이라 할 수 있을 것이다. 다시 말해서 인식적 의미는 객관적인 입장에서 그 뜻의 보편성 여부를 가려낼 수 있지만 감성적 의미는 그런 보편성이 원칙적으로 불가능하다. 비록 보편적 의미를 띠게 된다 해도 그것은 하나의 우연에 불과한 것이다. 왜냐하면 인식적 의미는 어떤 객관적인 사실을 서술함으로써 얻어지는 것으로서, 그 의미는 서술이 정확한가 아니한가의 여부에 의해서 결정될 수 있는 데 반해 감성적 의미는 각 개인의 주관적인 평가, 즉 주관적인 반응을 나타내는 것이기 때문이다. 객관적 판단은 '옳다' '그르다'로 못박아 결정될 수 있지만 주관적 판단은 '좋다' '나쁘다'로 평가될 뿐이다. "아인슈타인의 상대성원리는 좋다" 혹은 "희랍예술은 옳다"고 말한다면 이것은 객관적 판단과 주관적 판단의 논리적 거리를 혼돈한 데서 나온 착각의 산물이다. 이러한 착각을 우리는 '범주적 오류'라고 말한다.

예술작품을 하나의 언어로 보고 언어의 이중적 의미, 즉 인식적 의미와 감성적 의미로 생각할 때 인식적 의미를 갖는 사상성과 감성적 의미를 갖는 예술성 또한 구별해야 할 필요가 있다. 한 작품의 사상은 그 작품의 예술성의 척도가 될 수 없는 동시에 한 작품의 예술성은 그 작품의 사상성의 척도가 될 수 없다. 그렇다면 예술과 사상은 전혀 관계가 없는가?

예술의 사상성

앞서 사상이란 말을 쓰면서 그 낱말의 뜻을 분명히 규정짓지 못했다. 예술의 사상성을 말할 때 우리는 두 가지 뜻을 생각할 수 있다. 그 하나는, 객관적 현상의 기록으로서의 철학과 가치관계로서의 이념을 가리킨다. 도스토예프스키, 사르트르, 말로, 로렌스, 베케트, 카뮈, 보르헤스 등의 작품의 사상성을 염두에 두고 말할 때가 바로 위와 같은 뜻으로서의 사상이다. 이러한 사상의 가치는 독창성·정연성·진실성 등에 의해서 평가된다. 예술에 있어서의 사상은 비판성을 가리킨다. 예술작품에서 비록 새로운 철학이나 이념을 발견하지는 못하더라도 어떤 작품은 이미 우리가 알고 있는 철학이나 이념을 토대로 기존의 가치를 효과적으로 비판할 수 있게 돕는 역할을 한다. 예술작품(특히 소설)도 철학논문에 사용되는 언어와 똑같은 언어로 기록되어 그것과 동일한 역할을 하지만 그렇다고 우리들은 그것이 '옳다'든가 '틀렸다'라고 평가하지 않는다. 이러한 사실은 '지식'을 목적으로 하는 철학이 '감상'을 목적으로 하는 예술과 논리적으로 다르다는 것을 밝혀주는 것이다.

예술로서의 문학은 다른 예술양식과 마찬가지로 재미있는 것이 되고자 한다. 그러나 예술가 자신과 예술 감상자에 있어서의 예술적 활동이 재미를 목적으로 하는 다른 활동, 즉 여러 가지 게임, 낚시질, 스포츠 같은 활동과 다른 점은 예술을 그저 재미로만 끝나는 것으로 여기거나 그것만으로 만족하지 않는 데 있다. 이렇듯 예술은 어떤 외적으로는 파악할 수 없는 경험의 내용을 표현하고자 한다. 결과적으로, 문학에서의 표현내용은 다른 예술의 표현내용과 필연적으로 다르고 다를 수

밖에 없다. 그 까닭은 문학이 예술적 표현의 매개, 즉 선·색·음·공간·운동들을 언어화하는 것이라면, 문학예술은 경험의 내용을 표현하기 위해서 이미 언어화된 매개를 이차적으로 언어화하는 것이라는 데 있다. 이미 의미화된 매개로 표현하는 문학예술이 경험의 내용을 다른 예술에 있어서보다 더 정리되고 지적인 것이 되게끔 하는 것은 당연하다.

이와 같은 점으로 볼 때, 경험의 내용이 깊지 못하고 그저 재미있고 잘 만들어지기만 한 작품이 위대한 예술이 될 수 없는 이유가 납득이 된다. 오랜 동안 베스트셀러였던 에릭 시갈의 『러브 스토리』가 가장 이해하기 쉬운 예가 될 것이다.

명제적 진리와 문학적 진리의 특수성

문학이 표현코자 하는 내용은 생물학적·화학적·물리학적 입장에서 본 것이 아닌, 구체적으로 일상을 살아가는 인간체험이다. 우리는 어떤 방편을 통해서 배울 수 없는 인간체험에 대한 구체적 진리를 문학을 통해서 알게 된다. 이런 점에서 문학이 진리만을 목적으로 하지 않는 것임에도 불구하고 우리는 철학적·과학적 진리와 구별되는 문학적 진리를 말할 수 있다. 아래에서 우리는 문학적 진리의 특수성을 밝히고 문학적 활동이 어떻게 인간의 한 본질을 나타내는가를 보이고자 한다.

우선 진리라는 개념을 명확히 해 둘 필요가 있다. 흔히 진리가 사실과 혼돈되는 까닭에 많은 논쟁이 허공에서 공전하는 경우가 생긴다. 그러나 진리는 사실과 구별된다. 물질적 혹은 관념적 모든 인식의 대상을 가리켜 나는 '사실'이란 말을 쓴다. 산과 나무·토마토·동물·타인·집·만년필·우유병 등과 같은 구체적 물질은 물론 언어·장기(將棋)의 법칙·숫자·사랑·슬픔·부자·도적·아름다움 등과 같은 모든 개념이 내가 여기서 말하는 사실이란 개념의 예가 될 것이다. 인식은 필연적으로 의미에 의한 인식이므로, 의식이 아닌 자연적 혹은 인공적 사물이 의식의 인식대상이 된다는 것은 쉽게 이해가 가지만, 의식의 한 표현된 형태를 의미하는 개념이 의식의 인식대상이 된다는 생각에는 좀 의심이 갈지도 모른다. 그러나 의식은 의식 자체를 의식할 수 있는 능력을 갖고 있다. 나는 슬퍼하는 나 자신을, 나 자신의 여러 가지 생각들을 의식하고, 알 수 있다. 다시 말하자면, 내 눈 앞에 뛰어다니는 강아지가 하나의 사실로서 존재함과 같이 "하나에다 둘을 보태면 셋이 된다"든가 "욕심 많을 땐 마음이 어지럽다"든가 하는 관념들도 하나의 사실로서 내 의식의 인식대상이 된다는 것이다.

이와 같이 규정된 물적 사실이나 관념적 사실을 막론하고 사실은 그 '자체'가 참 혹은 거짓이라고, 또는 좋거나 나쁘다고 말할 수 없다. 따라서 사실은 참도 아니요, 거짓도 아니요, 아름다운 것도 아니며 추한 것도 아니다. 사실은 문자 그대로 그냥 '사실'이다. 그것은 마치 벌거벗은 '순수한' 존재와도 같을 뿐이다. 사람들은 흔히 말하기를 "신은 진리다", 또는 "도(道)나 인(仁)이나 태극은 진리다", 혹은 "지구가 태양을 도는 것은 진리다"라고 말한다. 예수 자신도 자기 자신을 가리켜 "나는 진리다"라고 말했다. 이러한 말들은 그것들을 문자 그대로 해석할 때 전혀 말이 되지 않는다. 왜냐하면 존재로서의 신이나 지동설이나, 도·인 혹은 태극이나 예수는 사실에 불과하며, 그 자체는 진리도 아니요, 허위도 아니기 때문이다.

진리가 사실과 구별된다면 그것은 무슨 의미인가? 진리는 언어표현이 있음으로써 생기는 개념으로, 언어의 한 기능인 '명제'와 그 명제가 서술하고자 하는 사실과의 '관계'를 말할 뿐이다. 언어는 어떤 사실을 진술하는 명제로서의 기능을 대부분 갖고 있는데 이런 기능은 인식기능이라 할 수 있다. 예를 들어 "박이문은 늙은이다"와 같은 표현의 경우가 그렇다. 이에 반해, 언어에는 단순히 감정이나 태도를 표현한다든가 혹은 어떤 동작을 유도해 내기 위해 사용되는 비명제적 사용법도 있는데, 이런 기능을 행위기능이라고 부를 수 있을 것이다. 예를 들어 "아이구, 어머니야!"라든가 "주둥이를 닥쳐라", "한잔하는 게 어떨까?"라고 쓰는 경우가 그러한 경우이다. 행위 언어가 진위와 아무 관계가 없다는 것은 쉽게 이해될 것이다. 누군가가 내 앞에서 "아이구, 어머니야!"하고 말할 때 나는 그의 말이 옳다거나 그르다거나 판단할 수는 없다. 인식언어, 즉 언어가 어떤 사실을 의미하기 위해서 명제로 사용됐을 때에야 비로소 우리들은 그 말이 옳다든가 그르다고 말할 수 있다.

진리는 명제와 그 명제가 서술하고자 하는 사실과의 '관계'를 말한다고 앞서 지적하였는데, 그렇다면 '어떤' 관계가 성립됐을 때 그 관계를 진리라든가 허위라고 결정할 수 있는가? 이 문제에 관해서는 아직도 철학자들 가운데서 논쟁이 계속되고 있는데, 여기에서는 복잡한 철학적인 이론을 생략하고 상응론(correspondance theory)을 택해 보충설명을 해볼까 한다. 상응론은 진리가 무엇이냐는 문제에 관한 이론이다. 이 이론에 의하면 진리는 하나의 명제 그리고 그 명제가 서술하고자 하는 사실의 일치를 의미하고, 허위는 그렇지 않은 경우를 말한다. 내가 "박이문은 늙은이다"라고 말할 때 만약 '실제'의 박이문이 늙은이라면 내 말은 진리가 된다. 이와 같은 분석을 통해서 진리는 한 명제와 그 명제의 서술과의 '관계'라고 말했지만, 더 정확히 말해서 진리는 그러한 관계에서 본 '언어'에 대한 개념이다.

여기서 좀더 고찰해 보아야 할 것이 있다. 명제와 사실과의 일치를 우리는 말했지만 어떻게 물질이나 사실이 아닌 기호로서의 언어인 명제와 사실이 일치될 수 있을 뿐 아니라 비교될 수 있을까? 이쯤 되면 언어철학에 있어서 가장 핵심적인 문제가 되는 의미론(philosophical semantics)에 직면하게 된다. 나는 이 자리에서 의미론을 따질 수 없을 뿐더러 그러한 문제를 길게 다룰 필요가 없다고 생각한다. 왜냐하면 이 자리에서 우리의 문제는 진리라는 말의 개념만을 밝히는 데에 초점이 있기 때문이다.

인간이라는 한 동물로서 우리는 다 비슷한 지각과 사고의 공통적인 기능을 갖고 태어났으며, 따라서 같은 사물에 대한 공통적인 지각적 혹은 지적 반응을 하게 된다. 또 한편으로 인간은 언어라는 인공적인 표현기구를 갖고 있는데, 한 자연언어가 어떤 사회 내에서 편리하게 이용될 수 있는 것은 그 속에 사는 사회인들이 언어사용에 관한 규칙을 만듦으로써 이다. 한 표현 기호인 언어가 언어로서 사용되는 것은 반드시 그 언어가 사용되는 사회가 정해놓은 언어사용법의 규칙을 따를 때에야 비로소 시작된다. 한 사회에 사는 한 인간이 정상적인 생물로서의 인간적 기능을 발휘할 때 그는 다른 사람과 똑같은 사실에 대한 지각을 갖고 있을 것이다. 이런 것을 전제로 하고 또 그는 그 사회에서 쓰는 언어의 용법을 어기지 않고 사용한다고 생각할 수 있다. 그렇다면 그가 언어로써 자신이 지각한 사실을 표현할 때 그의 언어는 '옳게' 사용됐다고 생각할 수 있다. 언어와 사실과의 일치는 다름이 아니라 한 일정한 사회 내에서 그 사회에서의 언어가 옳게 사용됐음을 의미할 뿐이다. 따라서 진리는 옳게 사용된 언어로 표현된 진술에 지나지 않는다.

그렇다면 문학적 진리란 무엇인가? 문학적 진리는 철학적 진리(명제적 진리)나 과학적 진리와 비교할 때 더 근본적인 것이다. 철학적 진리나 과학적 진리는 다 같이 '객관적' 사실을 앎의 대상으로 하는 반면에 문학적인 진리는 '주관적' 사실을 대상으로 한다. 그러나 '주관적 사실'이란 개념은 자기 당착적이다. 왜냐하면 사실이 객관적인 것을 의미한다면 주관적인 것이 될 수 없기 때문이요, 주관적인 것은 동시에 객관적인 것인 것이 될 수 없음은 기본적인 논리이기 때문이다.

과학이나 철학이 물질적 현상이나 정신적인 원리에 대한 사실을 서술하고 설명하기 위해 존재한다면 문학은 인간의 체험에 대한 사실을 서술하는 것을 목적으로 한다. 그런데 체험은 필연적으로 평가적이며 따라서 주관적이다. 가령 내가 달이라는 물질적 현상 앞에서 그것을 아름답게 체험했다고 하자. 그러나 물질적 사실로서의 달은 그 '자체'가 아름답거나 추한 것이 아니다. 달이 아름답다는 것은 달에 대한 나의 주관적 평가인 것이다. 이와 같이 과학이나 철학적 언어가 인식언어라면 문학적 언어는 평가언어이고, 전자가 객관적인 사실의 기록이라면 후자는 주관적인 태도이다. 따라서 문학은 지식의 영역에 속할 수 없고 결과적으로 철학이나 과학에서의 표백적(추상적) 언어와 구분된다. 그렇다면 문학적 진리, 즉 주관적 진리라는 개념이 정당하게 성립될 수 있는지를 아래에서 더 살펴보기로 하자.

체험의 기록으로서의 문학과 그것의 공통적 인식

삶은 체험의 연속이다. 체험은 작가나 독자라고 하는 한정된 사람의 특권적 소유물이 아니라 모든 인간이 갖고 있다. 그렇다면 작가는 왜 작품을 쓰고 독자는 많은 시간과 정력을 소비하면서 남이 쓴 이야기, 남들이 한 가공적 체험을 이해하며 알려고 하는가?

작가나 독자는 다 같이 각각의 동기와 목적이 있을 것이다. 명예를 얻기 위해 혹은 돈을 벌기 위해 작가는 작품을 쓰고, 대학에서 학점을 따기 위해서 혹은 심리학이나 사회학의 자료로서 또는 교양을 넓히기 위해서 독자는 문학작품을 읽는지도 모른다. 그러나 이와 같은 설명은 창작과 독서를 통한 보다 근본적인 의미를 파악하지 못한 설명이다. 언어표현은 객관화의 과정이다. 나는 내 체험을 언어로 표현함으로써 그 체험을 나 자신의 의식의 대상으로 객관화할 수 있다. 내 의식의 대상이 된 내 체험도 사실상 나 자신의 의식의 일부를 차지하고 있다. 그러나 대상화된 내 의식의 내용인 나 자신의 체험은 또 하나의 내 주체로서의 의식에 대해서는 하나의 객체가 된다. 시간적으로 볼 때 객체로서의 의식이 과거에 속한다면 주체로서의 의식은 현재에 속한다.

　결국 하나의 내 의식이 '동시에' 주체와 객체가 된다는 결론이 가능하다. 그러나 이와 같은 결론은 근본적으로 납득될 수 없는 자기모순처럼 보인다. 실제로 이와 같은 사실은 근본적으로 논리적인 비모순율을 범하는 것이다. 왜냐하면 한 의식이 동시에 주체와 객체가 된다는 것은 논리적으로 바꿔 말하자면 P가 ~P(not P)가 된다는 것과 같기 때문이다. "내가 지금 쓰고 있는 만년필은 동시에 내가 지금 쓰고 있는 만년필이 아니다"라고 말할 순 없다. 모든 개념의 세계에 있어서는 물론 모든 물질적 현상도 논리의 모순율을 범할 수는 없다.

　그럼에도 불구하고 이상스럽게도 인간의 의식은 모순율을

초월한 구체적인 현상을 나타낼 수 있을 뿐 아니라, 바로 그와 같은 기능이야말로 의식의 의식다운 본질을 이루고 있다. 이와 같이 자기를 객관화하는 의식의 기능을 자기지시(自己指示, self-reference)라고 부를 수 있는데, 자기지시의 기능은 다름 아닌 자기반성을 의미한다. 인간에 있어서 이런 능력을 우리는 자의식(自意識, self-consciousness)이라고 말하기도 한다. 어떤 동물에게서도 찾아볼 수 없는 자각하는 능력을 인간은 갖고 있다. 따라서 자각능력이야말로 인간의 본질을 형성하는 것이라고 말할 수 있다.

인간 주체의 객관화는 언어를 통해서만 이루어진다. 체험의 기록으로서의 문학은 작가의 객관화이며, 그것은 작가 자신의 거울과 같다. 예술로서의 문학작품이 허구적인 것은 우연한 사실이 아니다. 왜냐하면 허구적인 양식을 통해서 작가는 그의 체험에 거리를 두고 바라볼 수 있으며, 이러한 거리는 객관성의 핵심을 이루는 요소이다. 작품을 통해서 객관화된 작가의 체험은 작가의 의식에 있어 하나의 사실로서 의식의 대상이 된다. 작가의 역할은 자기 자신의 체험을 토대로 인간 일반에 대한 어떤 사실을 인식의 대상으로서 제시하는 데 있다. 아무리 개인적인 체험을 나타낸 것이긴 하지만 그 체험이 일단 인식의 대상으로서 객관화됐을 때, 그 대상은 작가 자신의 인식의 대상이 될 뿐 아니라 모든 사람들의 공통적 인식의 대상이 된다. 바로 여기에 독자의 존재가 위치한다.

창작의 과정이 작가의 자각과정이라고 해석된다면 어찌해

서 많은 사람들은 자기 체험이 아닌 남의 체험에, 아니 남의 자각과정에 흥미를 갖고 많은 시간과 정력을 소비하는가? 작가의 체험이 완전히 유일무이한 독창적인 것이라고 생각할 때 독자의 존재는 설명되지 않는다. 독자가 작품을 읽는 까닭은 그 작품 속에 언젠가 독자 자신의 직접 혹은 간접적인 체험과 통하는 바가 있기 때문일 것이다. 실상 독자는 극히 개인적이며 구체적인 작가의 체험이 객관화된 사실, 즉 작품 속에서 보편적이며 추상적인 사실을 발견한다. 참된 작가에겐 가능하면 가능할수록 그가 객관화하는 체험의 내용이 독창적이며 특수한 것이어야 한다.

햄릿의 방황, 안티고네의 반항, 이반 이리비치의 죽음 앞에서의 공허감, 보바리 부인의 남편에 대한 권태, 채털리 부인의 윤락(淪落), 가리규라 황제의 광증, 돈 후안의 여자에 대한 갈증, 기지로프의 자살동기 등은 각기 유일무이한 극히 개인적인 체험을 나타낸 것이지만, 대부분의 사람들은 이 주인공들에 크게 공감하고 그들을 이해한다. 이와 같은 독자들의 공감과 이해는 비록 각기 개성이 다르고 각기 다른 환경을 가졌으면서도, 이 주인공들의 체험 속에서 어떤 보편적인 사실을 발견하고 인식하기 때문에 가능한 것이다. 위대한 작가는 의식적 혹은 무의식적으로나마 보편성을 가진 인간상을 객관화하는 데 성공한 작가를 의미한다.

이와 같이 객관화된 체험의 기록인 작품은 하나의 명제로 요약될 수 있다. 즉 한 작품에 기록된 주인공의 허구적 혹은 실제적 체험은 독자에게 하나의 인식의 대상이 되고, 그 작품 속에 나타난 체험이 보편성을 띠고 있을 때 우리는 그 작품이 진리를 나타냈다고 말하며, 그 보편성이 지금까지 잘 의식되지 않았던 새로운 것일 때 우리들은 그 작품의 독창성을 인정하게 된다. 거듭 말하거니와, 문학적 진리는 그 대상이 인간의 의식 밖에 있는 것이 아니고 의식의 체험 자체에 있다.

문학적 진리에서 시적 진리로

과학 혹은 철학적 진리를 객관적 또는 논리적 진리라고 한다면 문학적 진리는 주관적 또는 시적 진리라고 부를 수 있다. 이와 같은 입장은 진리의 대상인 사실과 그것을 기술하는 언어와의 관계의 차별적 위치에서 생긴다. 언어는 대략 두 가지 요소를 동시에 갖고 있는데, 그 하나는 의미적 기능이요, 또 다른 하나는 수사적 기능이다. 한 언어의 의미는 객관적으로 명확히 규정될 수 있어서 개념화되지만, 똑같은 언어의 수사적 기능은 주관적일 수밖에 없어서 근본적으로 명확하게 개념화될 수 없다. 과학이나 철학에 있어서의 언어는 가능한 한도 내에서 순전히 의미적 기능을 가진 표현수단으로만 국한하려고 하는 데 반해서 문학에 있어서의 언어는 의미적 기능을 포괄한 수사적 기능을 가진 표현수단으로 사용된다.

따라서 문학적 의미는 근본적으로 명료할 수 없기 마련이다. 뿐만 아니라 과학적 혹은 철학적 언어의 기능은 문학적 언어의 기능과 모순 혹은 알력을 일으킬 뿐만 아니라, 문학적 언어의 의미는 과학 혹은 철학적 입장에서 볼 때 무의미하게 간주될 때가 많다. 그 이유는 문학작품이 하나의 명제로서는 분명치 못하다는 사실에 있다. 특히 시에 있어 이 점이 두드러진다. 가령 어느 시인이 다음과 같이 노래했다고 가정해보자.

> 6월의 하늘은 새빨간 거짓말
> 종로 네거리
> 시민들의 마음은
> 아프리카 뜨거운 사막
> 산산이 흩어지는 모래알

문자 그대로 볼 때, 이 시의 한 구절 한 구절은 모두 무의미한 것이다. 그러면서도 이 무의미가 전체적으로 나타내는 의미는 어떠한 과학적 혹은 철학적인 산문으로는 정확히 표현될 수 없는, 서울에서의 삶의 어느 시간적 체험을 잘 표현해내고 있다. 만약 이런 가정이 이 시를 읽는 독자에게 공감을 준다면 우리는 분명 이 시는 '진리'를 말하고 있다고 할 것이다.

그러므로 우리는 이러한 문학적 진리를 논리적 진리와 구별해야 한다. 거의 모든 문학작품 속에는, 특히 위 시에서 보았듯, 정도의 차이는 있지만 논리적으로 보았을 때는 대개 무의미한 표현들이 많다. 그러나 그런 무의미한 표현들이 인간 체험의 많은 부분을 해명해준다. 바꾸어 말하자면 문학은 그 어떤 이성적 분석으로도 표현되고 인식될 수 없는 인간 체험에 대한 무궁무진한 진리를 저장하고 있는 보고다. 오직 문학을 통해서 우리는 이 보고에 다소나마 접근할 수 있다.

위대한 문학을 통해서만 참다운 인간의 모습은 표현될 수 있다. 창작 또는 독서를 포함한 모든 문학적 활동은 인간이 자기 자신에 대한 전체적인 앎을 갖고자 하는 표현이다. 만약 인간이 동물과 다른 점이 있다면, 그것은 그가 이러한 점들을 자각·자기인식할 수 있는 데 있지 않을까. 문학적 활동은 단순한 소일거리가 아니다. 그것은 자기 자신에 대한 앎을 찾고자 하는 인간 본성의 자연적 표현이다.

시적 언어

문학은 언어로 표현된다

언어를 떠난 문학을 생각할 수 없다. 그러나 언어로 된 모든 표현이 문학일 수는 없다. 의사의 전달을 비롯해서 상업·정치도 언어를 떠나선 성립될 수 없다. 수학을 비롯한 자연과학·역사학·사회학·철학 등 모든 학문도 반드시 언어로써 표현되고 기록된다. 아인슈타인의 '상대성원리'가 문학작품일 수 없는 것처럼 토인비의『문명과 시련』이 문학작품일 순 없고, 마르크스의『자본론』이나 사르트르의『존재와 무』역시 문학작품이 아니다. 그러나 베르그송은 그의 철학저서로 노벨 문학상을 받기도 했다.

이와 같은 사실은 문학의 본질이 허구적인 상상을 내용으로 하고 있다는 상식이 정확한 견해가 아님을 반증하는 것이다. 실상 우리들은 문학작품이라고 제시된 많은 허구적 언어의 기록이 문학이 아님을 얼마든지 목격한다. 그렇다면 '문학의 본질' 혹은 '문학성'은 무엇인가? 이 문제에 대한 정확한 해답을 하기 위해서는 방대한 양의 책을 써야 할 것이다. 따라서 본고에서는 문학의 본질이 언어 표현자의 의도나 그 표현형식에 의해서 완전히 결정되지 않는다는 점과 '문학성'은 언어표현의 내용에서보다는 언어표현의 기능에서 찾아내야 한다는 점을 중심으로 이야기를 풀어갈까 한다.

모든 언어는 어떤 의미를 가짐으로써만 언어일 수 있다. 그런데 모든 언어는 대체로 두 가지 서로 다른 의미를 갖게 마련이다. 첫째는 외연적 혹은 논리적 의미로서 객관성을 갖는 의미이고, 둘째는 내포적 의미로서 주관성을 벗어날 수 없는 의미이다. 가령 '무궁화'란 언어는 한 꽃의 종으로 한국어를 아는 사람이면 누구나 그것이 무엇을 지시하는지를 알고 있다. 그러나 한국인이냐 아니냐에 따라서 '무궁화'라는 말이 상기시키는 내용은 다를 것이며, 한국인 가운데서도 그 내용은 또한 천차만별일 것이다.

하나의 언어가 외연적 의미로 쓰이면 쓰일수록 그것은 과학적인 것, 철학적인 것에 가까워지고 그 언어가 내포적인 의미로 쓰이면 쓰일수록 문학적인 것, 시적인 것에 가까워진다. 어떠한 언어도 실제적으로는 외연적 의미와 내포적 의미를 완전히 분리시켜서 쓰일 순 없지만, 한 언어가 문학적으로 쓰였느냐 혹은 그렇지 않느냐 하는 것은 그 언어의 외연적 의미 혹은 내포적 의미가 어떻게 집점적(集點的)으로 쓰였느냐에 의해서 결정된다.

문학의 이상은 시다

모든 문학의 이상은 시이다. 시의 본질, 즉 '시성(詩性)'은 문학의 본질, 즉 '문학성'의 본질이요 꿈이다. 다시 말하자면 '시적인 것', 즉 '시성'은 언어의 내포적 의미의 기능이 최대한도로 살려졌을 때에 생기는 언어의미의 상태를 말한다. 어떠한 사회, 어떠한 시대에 있어서건 '시적인 것'에 인간은 환희를 느낀다. 아무리 철저한 논리학자도, 아무리 탐욕적인 상인도 '시적인 것'에 완전히 무감각하지는 않다. 비록 순간적이나마 그들도 시적인 것, 그것의 의미에 매혹된다. 하다못해 술자리의 값싼 유행가 가사에서도 우리가 흥을 느낀다는 사실은 이와 같은 사실을 증명하는 좋은 실례의 하나가 될 것이다.

우리들의 사고방식이 극도로 물질화되고 기계화되어 가는 오늘날에는 너무 난해해서 시인 자신을 빼놓고는 이해하기 힘든 시들이 양산되고 있는 것도 사실이지만, 그럼에도 계속 쏟아져 나오는 시작품·시집들은 시적인 것에의 향수가 인간에게 얼마나 큰지를, 그리고 그것이 인간의 보편적 요구의 하나라는 것을 증명해 준다. 전혀 타인에게 전달이 되지 않을 만큼 주관적인 시적 의미에 대한 이 근본적이고 보편적인 욕망은 어떻게 설명될 수 있을까?

언어를 떠난 시는 없다

언어를 떠난 시는 없다. 시는 언어로써 만들어져야만 한다. 이런 점에서 시는 시 아닌 언어표현과 다를 바가 없다. 따라서 시는 언어의 일반적인 기능에서는 찾아낼 수 없고, 시의 본질은 오직 언어의 특수기능을 밝힘으로써만 시의 본질은 밝혀진다. 이미 지적하였지만 시에서의 언어가 외연적 의미와 구별되는 내포적 의미의 기능을 가짐으로써 하나의 언어는 시적 언어, 시로서 존재하게 된다. 따라서 시의 본질, 즉 '시성'은 언어의 내포적 의미를 분석하고 밝힘으로써 확실해질 것이다.

언어를 떠나서는 엄밀한 뜻에서 인식도 없고 의미도 없다. 이런 관점에서 '언어는 존재의 거소(居所)'라는 하이데거의 말이 이해된다. 언어 이전의 느낌·생각·경험·존재는 그냥 그대로 있을 뿐, 인식되지도 않고 의미를 갖지도 않는다.

위와 같은 사태나 사실, 그리고 사물들에 대해서 무엇인가 기술되려면 우선 그러한 것들이 인식되어야 하는데, 인식은 인식하는 주체자인 의식을 전제로 해야만 한다. 따라서 주체로서의 의식과 그 객체로서의 대상과의 논리적 거리는 인식의 핵심적 구조임을 나타낸다. 바로 그 '거리'가 인식과 의미를 가능케 한다. 의식으로서의 나는 이 거리를 지킴으로써 의식대상인

'책', '즐거움', '5+7=12' 등을 인식하고, 따라서 눈앞의 한 물체가 '책'으로서, 마음의 한 상태가 '즐거움'으로서, 한 개념과의 관계가 '5+7=12'로서 그 의미를 갖게 되는 것이다.

사실상 인식과 그 대상의 의미의 파악은 동일한 상태의 양면에 불과하다. 그렇다면 인식과 의미의 조건인 의식과 그 대상과의 논리적 거리, 어떻게 이 양자를 연결시킬 것인가? 그것들을 매개하는 것은 다름 아닌 언어이다. 그러므로 언어 이전의 인식이나 의미는 불가능하다는 것이 여기에서 밝혀진다.

그러나 이와 같은 주장은 많은 난관을 넘어서야 한다. 따라서 우리는 이와 같은 주장에 대한 반대이론을 검토할까 한다. 프로이트나 융과 같은 심리학자, 메를로-뽕띠3)나 그린(Grene)4) 같은 철학자들은 언어 이전의 의식, 언어 이전의 인식이 있음을 주장한다. 이와 같은 견해는 사실 전문가가 아닌 사람들 대부분이 자명한 사실처럼 믿고 있는 견해이다. 말을 배우기 전어린애들은 어머니를 알아본다. 말을 늘 쓰는 성인들도 표현이전에 많은 것을 느끼고 안다. 강아지나 돼지, 하다못해 굼벵이도 어느 정도 사물을 가려낼 줄 안다. 그러나 엄밀하게 이야기하자면, 이와 같은 앎은 인식이라기보다는 본능적인 반응이라고 함이 좋을 것 같다. 왜냐하면 엄밀한 의미에서의 인식은 그 인식이 스스로 인식됐을 때에만 가능하기 때문이다. 참다운 앎은 내가 무엇인가를 알고 있다는 것을 알 때에만, 즉 자의식이 섰을 때에만 있을 수 있다. 자의식은 한편으로 의식과 그 대상, 또 한편으로는 그 의식 자체에 논리적 거리를 둠으로써만 가능하다. 이 거리는 다름 아닌 언어인 것이며, 이 언어를 매개로 해서 주체로서의 의식과 객체로서의 대상이 구별되고, 이런 구별이 이른바 인식을 만들어 내는 것이다. 의식이 객체와 거리를 두고, 또한 의식이 그 자체에 거리를 두는 능력, 즉 언어를 사용할 수 있는 능력은 오직 인간에게만 부여되어 있다. 언어의 발명은 인간에게 동물로서는 상상도 할 수 없는 힘을 갖게 하였다. 언어를 통해서 인간은 사물과 거리를 갖고, 객관적으로 그것을 인식하고 지배할 수 있다. 언어를 통해서 객관적인 사물들은 의미로서 상징화된다. 때문에 인간은 사물과 부딪치지 않고도 사물 자체가 아닌 사물의 상징인 언어의 의미와 관계를 가질 수 있다.

의미화된 사물은 이미 공간과 시간을 초월해서 인간과 관계를 가질 수 있다. 인간이 사물의 관계를 고찰하고 그것을 지배하는 원칙이나 법칙을 찾아내서 보다 더 효율적으로 사물을 지배할 수 있게 된 것은, 다름 아니라 인간이 사물을 상징화(象徵化), 즉 의미화함으로써 그것을 공간이나 시간을 초월한 세계 속에서 다룰 수 있기 때문이다. 만약에 언어가 없었더라면 인간은 오직 끊임없는 영원한 현재 속에 잡혀 있어서 과거나 미래라는 개념을 갖지 못했을 것이고, 따라서 경험의 축적이나 앞날의 계획도 불가능했을 것이다. 그랬더라면 우리는 오늘과 같은 문명이나 인간 주체로 자연 앞에서 힘을 행사하지 못했을 것임은 물론, 다른 동물이나 자연의 재앙을 극복하지 못하고 이미 아득한 옛날에 소멸되었을 것이다.

이와 같이 언어를 발명함으로써 인간은 엄청난 힘을 갖게 되었고, 고등동물의 대명사로서 스스로 자연과 대립되는 문화의 세계 속에 살게 되었다. 다시 말하자면 언어에 힘입어 인간은 동물 아닌 동물로 변모한 것이다. 우리는 이미 자연 속에서 살지 않고, 자연의 완전한 일부도 아니며, 언어의 세계, 의미의 세계 속에서 더 많은 시간을 살고 있는 것이다.

그러나 언어는 인간이라는 동물의 가장 위대한 창조물이요, 인간생활에 가장 중요하고 가장 위대한 도구요 힘이며, 인간의 가장 찬란한 승리의 훈장과도 같다. 그러나 이와 정반대로, 언어는 동물로서의 인간의 가장 치명적이며 근본적인 저주이기도 하다.

언어를 창조함으로써 인간이 자연에서 소외된, 즉 자연과 거리를 갖게 되어 구체적 존재인 자연 속에서가 아니라 추상적 세계인 의미의 세계에 살게 된 사실이 인간 불안의 근본적인 원인이라면, 인간이 궁극적으로 동경하고 모색하는 열반의 극락세계란 다름 아닌 언어로부터 해방된, 즉 의미의 세계에서 실체의 세계로 귀의한 상태를 의미함에 지나지 않는다. 그렇다면 언어가 없는 원초적 자연의 상태에 귀의하려는 것이 언어를 가짐으로써 소외된 모든 인간의 자연스러운 어쩔 수 없는 본능의 하나가 될 것임은 당연하고 자명한 이치이다. 그리고 이러한 본능은 시대나 장소를 떠나서 언어를 가진 인간의 보편적인 본능이어야 할 것이다.

구체적으로 인간의 어떤 행동에서 이와 같은 보편적이고

근본적인 본능의 표현을 찾아볼 수 있겠는가? 그것은 다름 아닌 '시적인 것'에 대한 인간의 보편적인 기대에서이다. 그러나 이제 문제는 "어찌하여 시적인 활동, 시작이 인간을 언어로부터 해방하려는 노력인가?"를 밝히는 일로 귀착되고 만다. 어떤 이유에서 '시적인 것', '시의 본질', 즉 '시성'이 언어로부터 해방되려는 시도가 될 것인가?

시의 언어와 산문의 언어

시는 언어로 시작되고 언어로 끝난다. 바꿔 말하자면 시도 일종의 언어표현·양식에 불과하다. 그러나 시는 근본적으로 역설적인 언어이다. 왜냐하면 시는 궁극적으로 언어를 통해서 언어로부터 해방되려는, 언어를 씀으로써 언어를 사용하지 않는 언어가 되려는 불가능하고 모순된 노력에 지나지 않기 때문이다. 따라서 시적 언어는 비정상적인 '비틀린 언어'가 되게 마련이다. 산문과 시의 차이 중에서 가장 쉽게 눈에 띄는 요소 중의 하나는 바로 시의 형식적 구조가 일반적, 즉 산문구조에 비추어 볼 때 비정상적, 즉 자연스럽지 않다는 데 있다.

산문과 시의 첫 번째 차이는 형식에서 찾을 수 있다. 형식상으로 보아서 산문의 본질은 생각과 생각을, 아니 보다 정확히 말해서 마치 쇠사슬을 잇듯이 논리에 따라 개념과 개념을 계속 이어 나가는 데 있다. 이에 반해서 시에 있어서의 형식은 정형시는 말할 것도 없거니와 자유시까지를 포함해서 대체적으로 산문과 의식적으로 구별되는 형식을 갖추려는 경향을 가진다. 그리고 시는 어떤 개념을 전개하는 데 목적이 있지 않고, 논리를 어기면서까지도 이미지를 구성 혹은 종합하여 전체적인 새로운 하나의 의미를 창발시키려고 한다. 여기에서 전혀 이해되지 않을 만큼 난해해져 가는 현대시의 일반적 경향도 하나의 자연스럽고 당연한 것으로 여겨지기도 한다. 현대시가 난해한 원인은 그 내용이 깊어서거나 그 속에 내재되어 있는 논리가 복잡하고 치밀해서거나 또는 그 속에 씌어진 개별적인 낱말이 전혀 생소하거나 어렵다는 점에 있는 것이 아니라 단순히 우리가 모두 알고 있는 낱말을 점점 더 비약적, 즉 비논리적이고 비정상적으로 쓰고 있다는 사실에서 찾아봐야 한다.

요약해서 말하자면, 단순히 형식상으로만 보더라도 시가 근본적으로 언어의 비정상적인 언어, 언어를 뒤틀어 비정상적인 기능을 갖게 하는 새로운 일종의 '언어 아닌 언어'를 시도하고 있다는 것이다. 즉, 언어를 씀으로써 언어를 갖고 언어로부터 해방된 의미를 전달하고자 함을 지적할 수 있다.

언어가 차지하는 기능상으로 보아도 산문과는 달리 시가 언어를 통한 언어의 제거작업임을 알 수 있는데, 이것이 산문과 시가 가지는 두 번째 차이점이다. 언어의 일차적이고 근본적인 기능은 일반적인 사물·사태 또는 개념 등 언어가 아닌 것들을 전달하기 위한, 즉 의미화하기 위한 수단에 불과하다. 산문이 가장 보편적이고 근본적인 언어의 형식이라 한다면,

산문에 있어서의 언어는 언어 자체가 아닌 다른 목적을 수행하기 위한 수단 또는 방편임이 분명해진다. 이에 반해서 시인은 언어에 대해서 산문가와는 정반대의 태도를 갖고 있다. 시인이 시를 쓸 때, 그는 이미 정확히 알고 있는 사물·사태 또는 개념을 갖고 있지 않다. 그는 막연히 느끼고 있으나 정확히 표현할 수 없는 사물·사태 또는 개념을 보다 잘 알기 위해, 보다 정확히 진실하게 인식하고 파악하며 보기 위해 이미 있는 언어를 매개로 하여 그것을 재조직함으로써 새로운 언어를 만들고자 하는 것이다. 언어는 이미 알고 있는 사물·사태·개념들을 전달하는 도구일 뿐 아니라 언어 자체가 그러한 것들의 인식과 일치하며, 언어조직은 인식의 과정 자체의 다른 측면에 불과하다. 따라서 시인에게 있어선 그가 구성하는 언어 자체가 다름 아닌 목적이 된다. 폴 발레리(Paul Valéry)는 산문을 종보(從步)에, 시를 무용(舞踊)에 비교했지만, 이러한 비교는 산문과 시에 있어서 언어가 어떻게 다른 기능을 하고 있는가를 앎으로써 시의 한 본질을 파악한, 시의 시적 정의가 아닌가 싶다.

시인의 욕망: 성취 불가능한 꿈

시적 시도는 근본적으로 모순된 꿈이며 이상으로 끝나기 쉽다. 그렇다면 어찌하여 시는 이와 같이 모순된 꿈을 추구하는가? 마치 되굴러 떨어질 것을 알면서도 바윗돌을 다시금 밀어 올려야 하는 시지프스처럼 어찌해서 인간은 시를 통하여 이러한 모순된, 그리고 결코 성취되지 못할 노력을 계속 하는가?

시인이며 비평가인 번쇼(Burnshaw)는 인간이 언어를 쓰게 되어 모든 다른 유기체와 다르긴 하지만, 근본적으로 동물이라는 유기적 존재로 남아 있다는 사실에서 이와 같은 시의 발생 원인을 찾고 있다.

계속적으로 더욱더 언어기호를 강조하고 그것에 의지하게 된 인간은 그 결과로 구체적인 매개, 즉 '대지'와의 접촉을 잃기 시작했다. (중략) [따라서] 유기체의 완전한 전체적 느낌이었던 것이 그 느낌의 상징(象徵)으로 변화되어 버렸다. (중략) 계속적으로 연결되어 있던 것이 분리되었다. (중략) [이와 같이 해서] 인간은 나머지 모든 생명체로부터, 다른 인간들로부터, 그리고 마침내는 자기 자신으로부터 소외되었다. (중략) 인간은 이제 '솔기 없는 직물(織物)과 같은' 대자연의 질서 밖으로 떨어져 나온 존재로 전락하고 말았다.[5]

이와 같이 번쇼에 의하면 시는 하나의 유기체로서 몇 백만 년 동안 자연과 '하나가' 되어 살아왔지만, 이젠 소외된 인간이 그 이전의 세계로 돌아가 자연 전체와 하나가 되려는 생물체로서의 본능의 표시로 바뀌고 말았다는 것이다.

번쇼와는 달리 유기체로서의 인간의 생리적인 본능의 하나라고 꼭 찍어 지적하진 않지만, 철학자이며 문학평론가인 바슐라르(Bachelard)도 구체적인 언어 이전의 물질에서 소외된 인간의식을 극복할 수 있는 길을 모색하며, 시의 본질을 4원소(물, 불, 공기, 흙)에서 되찾고자 한다. 그의 다음과 같은 말은 이런 점에서 우리에게 퍽 시사적이다. "우리들은 사색하기 이전에 꿈을 먼저 꾼다. 어떠한 풍경이라도 의식된 경치가 되기에 앞서 우리에게 하나의 몽상적(夢想的) 경험이다."6)

바슐라르에 의하면 '시는 인간존재의 종합하는 힘'7)이다. 여기서 '종합하는 힘'으로서의 시는 번쇼가 말하는 '솔기 없는 직물'로서의 인간이 진정 인간이 될 수 있는 길로 안내한다. 이미 지적했듯이 시적인 것에 대한 어쩔 수 없는 인간의 요구가 인간 존재구조, 더 정확히 말해서 자의식을 갖게 되고 따라서 언어를 갖게 됨으로써 필연적으로 생긴 소외 상태와 간극을 가지게 되는 것은 어찌 할 수 없는 일이다. 그러므로 이러한 상태를 안다는 것이 시의 본질, 즉 시의 본질적 구조를 밝히는 데 도움이 됨은 두말할 나위도 없다. 그러나 시가 무엇이냐 하는 시의 존재구조에 대한 해답은 그러한 시를 낳도록 하는 발생학적인 원인만 갖고서는 충분치 않다. 왜냐하면 번쇼나 바슐라르가 설명한 대로 시가 자연과 완전히 하나가 되려는 노력이나 시도로서만 정의될 수 있다면, 어찌하여 그러한 시도가 꼭 언어로써만 가능한 시를 통해서는 있을 수 있고 운동이나 음악이나 또는 음주나 섹스를 통해서 이루어지지 않느냐 하는 문제가 생기기 때문이다. 설령 후자와 같은 행위도 결국 일종의 시적인 행위이며, 시적 행위나 그 밖의 행위가 근본적으로 다를 수 없다 할지라도 다시금 시의 특성, 즉 어떤 행위를 시적인 것으로서 하는 그 본질이 무엇이냐 하는 문제는 처음 그대로 남아있다.

언어를 떠나서는 시가 없는 이상 시의 본질, 시의 명확한 존재양식과 성격은 언어의 기능을 좀더 분석함으로써 가능할 것이다. 이미 지적된 것처럼 언어는 반드시 의미를 갖게 마련이고, 그 의미는 외연적 의미와 내포적 의미로 구별된다. 산문이 가능한 외연적 의미의 기능을 강화함으로써 존재하는 언어라면, 시는 가능한 내포적 의미만으로 성립되는 언어이다. 그러나 어떠한 언어든 간에 완전히 외연적 의미만을 가질 수는 없는 것과 마찬가지로 완전하게 내포적 의미만을 가지는 언어도 없다. 다시 말하자면 아무리 극단적인 산문도 좀 과격하게 말해서 시적인 요소, 즉 주관적인 의미에서 자유로울 수 없고, 그와 마찬가지로 아무리 순수한 시라 할지라도 완전히 산문적인 요소, 즉 객관적인 의미를 떠나서는 성립될 수 없다. 나아가 철학적 사고가 상대적으로 가장 추상적 사고인 것에 비해서 시적 경험은 가장 구체적인 사고인 것이다.

따라서 시의 이상은 가능한 한 구체적인 상태로 경험의 대상을 표현하는 데 있다. 시인은 될 수만 있다면 언어로써 그 대상을 상징함으로써 그것을 표현하고자 할 것이 아니라, 그 대상을 있는 그대로 나타내고자 하는 불가능한 꿈을 꾸어야 한다. 그는 그 경험의 대상, 또는 경험 자체가 언어이기를 바란다. 왜냐하면 언어는 반드시 추상적일 수밖에 없으며, 따라서 경험의 대상을 구체적으로, 다시 말하자면 있는 그대로 나타낼 수 없는 운명을 갖고 있기 때문이다. 한마디로, 시인은 언어로부터 해방되어 인간의 경험이나 경험의 대상을 표현코자 하는 인간인 것이다.

그러나 이와 같은 근본적인 시인의 욕망과 노력은 그 자체에 근본적인 모순을 내포하고 있다. 이 모순의 근원은 시인이 어떤 대상을 의식하고 그것을 표현하는 과정에서 생긴다. 어떤 대상이 시인에 의해 의식되지 않고는 표현이 있을 수 없고, 표현이 없이는 시가 탄생할 수 없다. 그리고 최소한 언어가 없이는 엄격한 의미에서의 의식이 있을 수 없고, 언어를 사용하지 않고는 그 경험이 표현되고 의미를 가질 순 없기 때문이다. 따라서 시인이 시도하고자 하는 것은 언어를 씀으로써, 언어를 통해서 언어 이전의, 언어로는 대치할 수 없는 가장 구체적인 경험이나 경험의 대상 자체를 있는 그대로의 언어라는 매개체를 삽입하지 않고 직접 보려고 하는 데 있다.

그러나 이와 같은 시인의 욕망은 성취 불가능한 꿈일 수밖에 없다. 왜냐하면 경험의 의식과 표현에 있어 불가피한 언어인 시어 역시 본질상 추상적일 수밖에 없으며, 따라서 그 언어가 표현하고 의미하려는 대상과 거리를 갖기 마련이기 때문이다. 이런 점에서 시인은 마치 제 꼬리를 물고자 뱅뱅 도는 고양이와 같다고나 할까.

바슐라르에 의하면, 시인은 개념으로 생각하고 이미지로 느끼는 자라 한다. 이에 따르면 '시적 이미지는 언어의 발생'[8]이라고도 말할 수도 있다. 물론 시인은 언어 없이도 사고할 수 있다고도 할 수 있다. 그러나 시로써 표현된 이미지는 벌써 이미지와는 다른, 추상일 수밖에 없는 언어로 바뀐 것이다. 그러므로 설사 시인이 언어 없이 시를 만든다고 말할 수 있다고 하더라도 실제적으로 이는 불가능하며, 따라서 아무리 노력을 한다 할지라도 시인이 하고자 하는 시도는 모순된 악순환에 빠질 수밖에 없다. 그러나 이와 같은 모순 속에서도 시인은 인간 존재를 위한 형이상학적인 진리를 '계시'하며 인간 존재의 욕망을 표현하고자 끝없이 노력한다. 이와 같은 욕망은 어머니의 품 안에 다시 포근히 안기고 싶은 정신분석학적인 욕망, 혹은 잃어버린 고향에 대한 애절한 향수와 비교될 수 있을 것이다. 바꿔 말해서 시는 추상화이기 이전에 한 유기체로서의 완전한 존재에 대한 인간 본연의 향수다. 노장사상이 예술적이며 시적인 형이상학으로 보이는 까닭도 여기에 있다. 노자, 특히 장자는 근본적인 실체로서의 도(道)가 언어로는 표현될 수 없고, 언어로 표현된 존재는 이미 왜곡된 존재라는 것을 강조하며, 따라서 이른바 모든 '지식'이 피상적임을 지적한다. 이런 관점에서 도교(道敎)가 함의하는 존재론 역시 일종의 언어철학이며 동시에 시론이라고 말할 수 있을 것이다.

보편적 특수성으로서의 시

시 예술은 굳이 강조할 필요도 없이 철학적 이론의 하나이다. 크로체, 베르그송을 비롯해서 근래의 하이데거, 바슐라르와 같은 철학자, 또한 리샤르와 같은 문학비평가들이 이에 가깝고도 대표적인 사람들이다.

베르그송이나 하이데거는 참다운 존재는 이성으로써 파악되거나 산문과 같은 언어로 표현될 수 없다고 주장한다. 따라서 하이데거는 어떠한 철학자의 철학적 설명보다도, 예를 들어 횔더린의 시나 반 고호의 회화가 더 충실히 존재를 계시한다고 주장한다. 바슐라르도 시인의 관심은 존재에 있으며, 그것을 언어로 의미화하기에 앞서 '실재를 노래하는'[9] 기능을 갖고 있다고 말하며, 리샤르도 문학이 '존재를 파악하려는 의식의 노력'[10]이라고 보고 있다.

그러나 이와 같은 관점은 한편으로는, 느낌과 지식을 구별하지 못한 데서 오는 주장이기도 하다. 이미 강조한 것처럼 시는 사물·사실·사태와 같이 의식의 대상, 즉 넓은 의미에서 존재에 관심을 두고 있다. 그러나 시가 나타내 보이는 존재는 그 존재 자체라기보다는 그 존재에 대해 나타내 보이는 시인의 반응에 더 가깝다. 이러한 사실은 지식과 느낌의 차이에서 더욱 확실히 반영된다.

지식은 의식대상에 있는 그대로의 객관적 형태 혹은 양상을 가리킨다. 만약 "책상이 네모지다"라는 것이, 그 책상에 관한 지식으로 받아들여지려면 실제 책상이 네모졌을 때만 가능하다. 뿐만 아니라 이와 같은 사실은 객관적으로 정상적인 사람들의 눈에 다 같이 그렇게 인정되어야만 한다. 따라서 지식은 그 본질상 공동체적, 즉 객관적인 개념이다. 이와 반대로 느낌은 그 본질상 공동적인 개념이 아니라 개별적인, 따라서 주관적인 개념이다. 하나의 의식대상으로서의 "책상이 네모지다"는 지식은 객관적으로 모든 사람이 다 같이 인정할 수 있지만, "책상이 좋다" 혹은 "책상은 도깨비 같다"라는 책상에 대한 서술이 결코 객관적으로 다 같은 합의를 이끌어낼 수는 없다. 똑같은 하나의 책상이지만 보는 사람이나 경우에 따라 다르기 때문이다.

이렇듯 시는, 한 대상이란 존재에 대한 객관적인 묘사라기보다는 대상에 대한 그 시인 개인의 특수한 태도 혹은 반응인 것이다. 따라서 리샤르가 지적한 바와 같이 동일한 존재가 가령 생 존 페르스에게선 '심오한 무'로, 르네 샤르에게선 '지속되는 번개'로, 엘뤼아르에게선 '번쩍이는 그림자'로, 이브 본느푸아에게선 '창조적 번개'[11] 등으로 제각기 달리 보일 수 있다. 동일한 존재가 위와 같이 서로 양립할 수 없는 다른 것으로 보인다면, 그와 같은 인식은 결과적으로 주관적인 것이라고밖에 달리 볼 수가 없다.

'시의 존재'는 이렇듯 기벽성(奇癖性), 즉 반(反)보편성에 기초한 것이라 평가하기에 충분하다. 물론 모든 기벽성이 시의 매력일 순 없다. 하나의 기벽성이 진정 시적인 것으로 되려면 그것이 새로운 감각일 뿐만 아니라 그러한 개별성 및 특수성이 동시에 모든 사람들에 납득이 될 수 있는 요소, 즉 일종의 보편성을 지녀야만 한다. 만약에 이러한 보편적 요소가 전혀 없다면 그 시는 도저히 이해되지도 않을 것이며, 따라서 전혀 공감을 일으킬 수도, 전달되지도 않을 것이다.

요약하자면, 시인이 인식하는 존재는 '기벽적 보편성' 혹은 '보편적 특수성'이라고 말할 수 있다. 시의 시로서의 척도는 바로 이와 같은 보편적 특수성에 의해서 결정되며, 그것은 다름 아닌 시인의 독창성과 무관하지 않다.

이런 관점에서 시인이 보는 한 대상에 대한 묘사는 그 대상 존재에 대한 인식과도 무관하지 않다는 것을 알 수 있다. 따라서 시인이 직감으로 느낀 어떤 대상에 대한 특수하고 기벽한 관점이 다소나마 보편성을 가지려면 일차적으로 그것이 언어로 표현되어야 한다. 언어라는 매개체 없이는 이의 인식 자체가 불가능하기 때문이다.[12] 그러나 거듭 강조하지만 시가 내포하고 있는 보편성이 보통 말하는 의미로서의 인식으로 인정되기에는 여전히 미약하다. 하지만 이와 같은 모순된 노력이 유기적 생명체로서의 인간에게는 더없는 만족을 준다. 따라서 시인의 기쁨, 시에서 얻는 기쁨이란 마치 다시 굴러 떨어질 것을 확신하면서도 무거운 바윗돌을 산 위로 밀고 올라갈 때 느끼는 그런 시지프스의 기쁨과 같지 않을까.

언어로부터의 해방을 꾀하지 않는 언어는 진정 시적 언어라 할 수 없다. 이런 점에서 시는 언어를 통해서 언어를 파괴하고 다시 살리는 언어적 표현인 것이다.

시적 지향과 '미학적 조망'

시를 쓴다는 것은 도대체 무엇인가?

시의 형식과 내용이 제아무리 기발한 것이라 해도, 또 의미론적으로 그것이 아무리 스스로를 파괴하려고 들지라도, 시의 말들은 대체로 일몰·꽃·사랑·슬픔·불의·자유·철학적 진리 혹은 형이상학적 실체 등에 대해 얘기한다. 다다이스트들의 난삽한 언어가 기도했던 것들도 결국엔 시였으며 현실이었고 제도였던 것이다. 그런데 바위·나무·연필 따위의 대상 자체와 구별되는 뜻이 담긴 것인 까닭에 언어로 만들어진 시 역시 독자에게 일정한 정서적 영향을 끼칠 뿐 아니라 엄밀히 말해서 무엇인가를 '의미'하게 된다. 이처럼 시는 무엇인가를 나타내거나 그리지 않으면, 어떤 생각이나 느낌들을 표현한다. 정서이론(Emotive Theory)에서 강조하고 있는 바와 달리 시는 단순한 정서표명 이상의 것이다.

그런데 시가 다루는 내용, 다시 말해 시의 소재는 시 아닌 이야기에서 나타나거나 그려지거나 표현되는 것들과 구별되지 않는다. 우리는 시인이 다루는 내용이 학자나 비평가에 의해 흔히 다루어짐을 본다. 그뿐만 아니라 시가 의도하는 바나 말하려고 하는 것(시적 추구가 지향하는 것) 역시 시 아닌 이야기에서도 뜻해지고 말해질 수 있다. 이렇게 되면 시는 필연적으로 해석을 받아들이게 되며, 시의 해석된 의미는 비시적(非詩的)인 언어로 표현될 수밖에 없다. 그렇다면 시를 쓴다는 것은 도대체 무엇인가?

정서이론이 이와 같은 물음에 만족스러운 답이 되지 못함은 앞에서도 말했다. 필자는 이에 대한 다른 대답들을 장식이론, 형식주의적 이론, 인식이론이라는 세 개의 테두리로 나누어 설명하려 한다. 그리고 마지막으로 이것들 모두를 사르트르의 존재론(주로 『존재와 무』에 나타난)에 입각해 가능한 새로운 해답을 찾아보고, 이를 제시하고자 하는 것이 이 글의 목표다.

세 가지 입장 (장식이론, 형식주의적 이론, 인식이론)

장식이론은 고전적 비평가에 의해 대표되는 견해로서, 이 이론에 따르면 시어의 기능은 말을 꾸미는 데에 있다고 한다.

시어는 일반적 언어가 가진 의미기능에 무엇인가가 덧붙여져서 나름의 의미기능을 가지는 것이 아니고, 오히려 시어 그 자체에서 언어의 수사학적 특성이 두드러진다는 것이다. 즉, 비유의 사용이나 짜임새들이 시의 내용을 보다 생동감 있게, 우아하게, 인상적으로 만들 뿐이라는 견해이다. 따라서 '시다움'이라 할 때, 이는 의미내용과 관련된 것이 아니라 언어의 장식적 특성과 깊은 연관이 있다. 그러나 이런 입장은 쉽사리 붕괴될 수 있다. 이를 위해 널리 읽혀지는 시 중에 장식적인 요소가 전혀 없는 경우를 예로 들어보겠다. 예를 들어, 윌리엄스(Williams)의 「빨간 손수레」라는 시만 보더라도 여기에는 그 어떤 수사학적, 장식적인 언어의 요소들이 들어있지 않다.

> 너무도 많은 것들이 기대고 있네
> 하얀 병아리 밖에도
> 비에 묻어 반짝이는
> 빨간 손수레 위에.

뿐만 아니라 진지한 시인이라면 어느 시인도 자신의 시가 지각된 사물을 미화한다고 말하지는 않는다. 시인이 그의 시에서 성취하려고 하는 것은 이미 알려진 진리나 철학적 이념이나 신비적 체험을 말로 그럴 듯하게 꾸미는 것만은 아니다. 그뿐 아니라 훌륭한 시보다 훨씬 현란한 언어를 가진 예들을 과학이나 철학방면의 저술에서 찾을 수도 있다.

형식주의적 이론은 신비평, 러시아 형식주의, 프랑스 구조주의 등의 문학이론에서 강세를 보인다. 이들 이론에서는 시어의 특성이 그것의 형식 됨됨이에서 연유한다고 말한다. 언어가 갖는 여러 측면, 다시 말해 구문·의미·음성 모두가 그들 상호간의 일정한 형식 관계의 창출을 목적으로 동원되고 있다는 것이다. 그래서 '시다움'을 판가름하는 기준은 곧 '무엇을 말하느냐'가 아니라 '어떻게 말하느냐'의 문제가 된다. 시인은 자신의 언어가 갖는 진실성보다 언어가 표출되는 틀·형식에 관심을 집중시킬 것이며, 어떤 시가 일정한 수준 이상으로 형상화되어 있다는 말은 구문·의미·음성 등 시어의 제 요소를 얽어매는 형식적 상호관계가 독창적이고 참신하고 일관성 있다는 말과 같은 의미가 된다.

  그러나 형식주의적 이론이 제아무리 매력적으로 보여도 시에 수반되는 다양한 사실들을 설명해내기에는 너무 편협하고 단순하다. 자신의 일차적인 관심사가 말놀음이라고 생각할 시인은 거의 없을 것이다. 시인들의 관심은 종종 단순한 언어유희의 차원은 넘어 인식·도덕·철학·실존 등의 문제와 깊이 결부된다. 더욱이 형식상으로 뛰어난 언어구사가 곧 훌륭한 시가 되는 것도 아니며, 변변찮은 시들이 오히려 빼어난 형식미를 과시하는 예를 우리는 종종 본다. 형식적인 관점에서 보면 정치연설이 차라리 신선한 관심을 끌 수 있다. 그러나 그 사실이 연설을 시로 만드는 것은 아니다. 형식미는 시적 형상화의 구성요소의 하나일 뿐이다. 그것만으로 충분하지도 않으며 절대적인 구성요소라고 볼 수도 없다. 시 안에 들어있는 말이 무엇을 이야기하느냐에 따라서 그 말은 더 혹은 덜 시적이 되는 것이다. 한 편의 시 안에 들어 있는 낱말들과 문장들은 그것들이 가리키는 것과 분리될 수 없다. 즉, 시의 시됨은 시가 가리키는 대상과 떼어서 생각할 수 없다는 뜻이다.

형식주의자의 가정과는 달리 시어는 시어 자체보다 시어 밖의 세계와 관계하고, 그것에 대해서 이야기한다. 이 점에서 언어는 소설이나 동화같이 꾸며낸 작품 속에서와는 아주 다른 기능을 시 속에서 가진다. 꾸며낸 작품에서 쓰이는 언어는 관습에 의해서 그 언어의 정상적인 지시기능으로부터 벗어난다.[13] 시는 소설과는 달리 꾸며낸 것이 아니다. 시의 가치는 말과 말의 관계가 빚어내는 형식관련보다 오히려 말과 (말이 관여하는) 대상과의 의미관련에서 생겨난다. 형식관련은 그것이 시 속의 언어와 그 말이 가리키는 것 간에 어떤 의미관련을 맺어주는 데 보탬이 되는 한에서 시적으로 의미가 있다. 시 속에서의 언어의 기능에 대한 이러한 사실의 고찰은 우리를 인식이론으로 인도한다.

인식이론은 언어의 가장 본질적 기능, 곧 의미기능에 대해 새삼 우리의 주의를 환기시킨다. 정의에 의해서 언어는 무엇인가를 의미한다. 시가 언어장식이나 말놀음으로 환원되어 버릴 수 없다면, 그리고 그것이 결국 무엇인가를 의미하고 있다면 그것은 무엇인가를 가리켜야 하고, 어떤 대상과 사실을 표상하고 묘사하며, 어떤 느낌이나 생각을 나타내야 한다. 이 기준에 따르면 시의 본질적 기능은 인식적이다. 시를 통한 추구가 궁극적으로 지향하는 것은 이 세상과 삶에 관한 진실을 이끌어 내는 것이다. 따라서 버칠러(Buchler)는 다음과 같이 쓰고 있다. "물리학이나 역사나 시는 인식수준의 정도에 있어 구별되는 것이 아니라 각기 서로 다른 인식영역을 갖는다는 점에서 구별된다."[14] 그러므로 그가 덧붙인 것에 따르면, "그 분야가 아주 독특하다는 점에서 그것은 모든 추구가 지니고 있는 모든 다른 분야들과 연속된 계열을 이룬다."[15] 굿맨(Goodman) 역시 이에 동조한다. "과학의 궁극적인 산물은 예술이 낳는 것과는 달리 말, 글 또는 수학공식으로 된 외연을 다루는 이론이지만, 그것의 추구과정이나 만들어가는 과정에 있어서 과학과 예술은 거의 동일한 길을 밟는다."[16] 그리고 "예술적 판단과 과학적 판단을 가르는 선은 주관적인 것과 객관적인 것을 가르는 선과 일치하는 것이 아니다. 그리고 어떤 중요한 것에 대해서 누구나 동의할 수 있는 이론을 제시한다는 것은 예외적인 일이다. 단지 시는 과학이 발굴해낼 수 없는 진리의 영역, 과학이 다룰 수 없는 정서의 영역을 다룬다는 차이가 있을 뿐이다."[17]

많은 시인이나 비평가, 철학자들이 이처럼 생각하며, 낭만주의자들의 경우 특히 이 생각은 뇌리에 깊이 박혀있다. 그러면 시 속에 들어있는 낱말이나 문장들은 어떻게 과학자나 기자들이 표현하거나 기술하거나 제시할 수 없는 것을 표현하거나 기술하거나 제시해내고 있는가? 시적 지식에 비해 비시적 지식이 투명하다는 말을 우리는 자주 듣는다. 이 투명성은 현실의 구체적인 특성을 빼버리고 난 뒤에 비로소 얻어지는 것이다. 과학은 구체적 현실을 추상하여 수용한다. 그러나 시는 구체적 현실을 가능한 한 구체적으로 표상하고 기술하려고 애쓴다. 따라서 시의 기도는 애초부터 인식론의 범주에 속한다고 볼 수 있으며, 시에 담긴 낱말이나 문장들에는 반드시 그것들이 가리키는 대상들이 있게 마련이다.

리쾨르(Ricoeur)는 다음과 같이 말한다. "시의 경우, 가리키는 대상은 말살되어 버린 것이 아니라 나누어지고 쪼개져서 존재한다. 그리고 여기에서는 대상에 대한 명시적이고 묘사적인 가리킴이 사라짐으로써 그와 같은 묘사적인 방법으로는 포착될 수 없는 우리의 존재상황에 대한 깨달음을 가능케 하는 그런 새로운 에너지로 나타나는데, 이것이 바로 변죽만 울리는 비유적이고 상징적인 표현을 사용해서 대상을 가리키는 힘이다."[18]

이런 일이 가능한 것은 시에 담긴 낱말과 문장이 지니고 있는 잉여의미(剩餘意味) 때문이다. 그렇다면 언어의 잉여의미란 도대체 무엇을 뜻하는가? 바꿔 말해 시로 묘사 불가능한 현실, 제시 불가능한 진실이란 무엇인가? 그런 것이 존재한다면, 시에서 묘사 불가능한 것을 묘사하고 제시 불가능한 것을 제시한다는 말은 자가당착이 아닌가?

시는 읽혀지기 위해서 존재한다. 읽는다는 것은 이해하는 것이고, 또 이해한다는 것은 해석한다는 것을 뜻한다. 제아무리 난해하고 제아무리 의미론적으로 스스로를 때려 부수려 드는 시라 해도 그것은 어떤 방식으로든 해석되고, 이해되기 마련이다. 아리송하기 짝이 없는 말라르메의 시를 비롯한 전위적인 시들은 말할 것도 없고, 다다이스트들의 시조차 해석되고 평가된다. 어떤 해석도 받아들이지 않는 시는 시가 아니다. 그래서 멀 브라운(Merle Brown)은 그가 쓴 최근의 논문에서 톰린슨(Tomlinson)의 다음과 같은 난해시를 아래와 같이 해석한다. 먼저 톰린슨의 시를 보자.

무성한 숲 위에
천진스럽게, 점잖게
걸려 있는 매 한 마리:
모든 행동 의지를 정화하는 간격은
예서도 의지를 아름다움으로 물들인다.
하지만 천진스러움이 해를 끼치듯
아름다움과 거짓도 한 몸!
도사리고 쥐어진 그것의 목적은
가려진 지도만큼이나
뻔뻔한 것.
이제 운명이 내리닥치나:
가까움과 아쉬움
끌어당기는 두려움의
주름져 오그라드는 회오리를
나누려고 읊조리지 않는 자에게
평화의 무거운 납덩어리

다음은 멀 브라운의 해석이다.

"따지는 일보다 맹목적인 권리주장이 노상 우선하는 그러한 자들에게 핏대를 올려봐야 소용이 없음을 그는 주장하고 있다. 흥분일랑 말아라, 다만 잠잠히 응시해라. 그래도 그대는 나름대로의 전율을 느낄 수 있다. 냉혹하게 그것의 아름다움에 취해도 좋고 좋을 대로 죄의식과 사악함을 느껴도 좋다. 그대의 뒤떨어진 관찰이 빚는 희생자에 대한 무관심의 요인 때문이라면……."[19]

문제는 여기서 이 특수한 해석이 얼마만큼 정확하냐가 아니라, 원래 시와 해석된 내용 사이에 의미상 어떤 차이가 있느냐 없느냐가 문제다. 시적인 언어에 대한 인식이론은 물론 차이가 있다고 대답할 것이다. 그렇지 않으면 시의 존재의미가 모호해지기 때문이다. 그러면 해석된 언어에는 옮겨지지 않은 채 시에 남아있는 의미나 의미들 그리고 진리나 진리들은 도대체 어떤 것들인가? 감정적, 정서적 의미일까? 개념화될 수 없는, 말로 설명될 수 없는 진리와 지식일까?

하지만 이와 같은 답변은 아무 도움이 안 된다. 한편으로 모든 낱말들과 문장들은 그것들이 물리적으로 서로 다르다는 점에서 다른 의미를 지니고 있다. 그러나 그런 뜻에서의 의미는 인식과 아무 상관도 없다. 똑같은 자연 과학적 진리가 여러 가지의 언어와 양식으로 표출될 수 있겠지만 진리 자체는 그런 다양성에 영향을 받지 않는다. 다른 한편으로 개념화될 수 없는 진리나, 말로 설명될 수 없는 지식은 용어에 있어서 모순된 말들이다. 진리와 지식은 언어적인 표현, 곧 진술들에만 적용되는 개념들이다. 더 나아가서 시는 그 가치와 존재의미를 다치지 않고서도 여러 가지로 해석될 뿐만 아니라 서로 모순되는 해석들을 낳기도 한다.

그와 같이 한 편의 시에 대해 서로 다르고 혹은 서로 모순되는 해석이 모두 용인된다면 시의 기능을 인식과 동일시하는 것은 논리적으로 불가능하게 된다. 상호 모순되는 명제가 동시에 참이라고 주장된다는 것은 있을 수 없는 일이기 때문이다. 물론 어떤 시들은(많은 시들이 실제로 그렇다고 볼 수 있는데) 진리를 드러내고 어떤 것을 나타내거나 표현한다. 그러나 진리의 재현은 시의 본질적이고 바탕이 되는 기능은 아니다. 시시한 것들을 노래하는 위대한 시가 얼마든지 있으며, 시 같지 않은 시들도 심오한 진리를 들먹이기도 한다.

요컨대 시의 본질적인 기능은 인식이 아니며, 심각하고 뜻있는 활동이라 해서 모두 진리의 인식에 관련되어야 하는 것도 아니다. 인간에게 진리가 가장 중요한 것일 필요는 없으며 사실 그렇지도 않다. 만일에 시의 근본적인 기능이 장식적인 것도 아니고 형식적인 것도 아니고 인지적인 것도 아니라면 그것은 대체 어떤 기능을 지니고 있을까? 아래에서 필자가 새롭게 제안하려고 하는 것이 다름 아닌 '미학이론'이다. 이 이론은 사르트르의 인간현실의 존재론에 입각한 만큼 사변적이라고, 충분히 사변적이라고 할 만한 것이다. 그러나 사변적인 것이 모두 부질없는 것은 아닐 것이다.

사르트르의 즉자와 대자 또는 의미론적 조망과 존재론적 조망

　사르트르는 존재를 두 가지 양태를 분류한다. 즉자 존재(being-in-itself)와 대자 존재(being-for-itself), 줄여서 즉자·대자라 하는 것이 그것이다. 단순히 있는 것이 즉자라면 그처럼 자족적으로 있을 수 없는 것이 대자이다. 전자가 동물들을 포함해서 세계 안에 있는 모든 것을 가리키는 반면에 후자는 의식적인 한에서의 인간만을 가리킨다. 사르트르에 의하면 '사람'이라는 말은 의식적이라는 말이며, 좀더 정확히 말해 무엇을 의식한다는 말이다. 그리고 의식은 지향적이다. 그것은 대상을 요구한다. 그것은 항상 자기와는 다른 외부의 어떤 것을 의미한다. 두 존재는 존재론적으로는 별개의 것이지만 인식론적으로는 떼어놓을 수 없다. 대자는 즉자를 전제하고서야 비로소 인식 가능하며 즉자 역시 대자 없이는 인식될 수 없다. 만일에 대자가 그것이 지닌 존재론적인 조건으로 말미암아 자신의 즉자를 요구한다면, 즉자는 대자에 의하여 생각되지 않는 한 현존한다고 말할 수 없다.

　의식행위가 언어와 관계 맺지 않는 것을 생각할 수 없다는 점에서 사르트르의 존재론은 언어와 그것이 가리키는 대상 간의 관계에도 그대로 적용된다. 그때 무엇을 의식한다 함은 곧 무엇을 언어의 테두리 안에 넣을 수 있다 함을 뜻한다. 이렇게 본다면 즉자와 대자라는 사르트르의 구별은 실재적인 것이 아니라 세계와 인간, 대상 간의 개념 사이의 관계에 대한 서로 다른 두 개의 조망(眺望)을 가리키는 것이 된다.

잠시 내 직감이 토로되어도 괜찮다면 현실은 하나다. 그리고 이 현실의 일부로서의 인간은 존재론적으로 그의 의식의 대상과 구별되지 않는다. 의식은 오직 '의미론적'으로만 의식의 대상과 구별될 뿐이다. 하나의 유일한 총체라는 관점에서 비추어 볼 때 의식과 그 대상, 곧 대자와 즉자는 사람과 세계의 관계에 대한 두 개의 다른 조망을 구성한다. 그들은 각각 '의미론적 조망'과 '존재론적 조망'이라고 불릴 수 있다.

그러나 존재론적 조망과 의미론적 조망 사이에는 틈이 있는데, 이 틈은 논리적으로 필연적이며 따라서 논리적으로는 메꿀 수 없는 틈이다. 어느 한 쪽을 포기하지 않는 한 그들, 곧 의식과 그 대상 간에 다리를 놓는다든지 하는 시도는 논리적으로 불가능하다. 오히려 논리적으로는 우리가 무엇에 대해서 생각하고 말하는 바로 그런 한에서 그와 같은 간격이 요청된다. 그 틈은 존재론적으로는 실재하지 않지만, 의미론적으로나 인식론적으로는 필요하다. 더 좋은 말이 생각나지 않아 이 틈―존재론적 조망과 인식론적 조망 사이에 걸친, 혹은 즉자와 대자 사이에 놓인 틈―을 나는 '미학적인 조망'이라고 부르기로 한다.

사르트르처럼 철저한 이원적인 존재론에서 '미학적 조망' 같은 중간 개념의 위상을 발견하기란 쉽지 않은 일이다. 그러나 어쨌든 시의 기능이나 예술 일반의 기능을 설명하는 데 '미학적 조망'의 개념은 매우 필요하다.

미학적 조망

　미학적 조망은 의식과도, 그 대상과도 다른 것이다. 곧 사물과도, 사물의 개념과도 다르다. 그것은 존재론적으로나 의미론적으로나 다 같이 매우 모호한 자리를 차지하고 있다. 나는 시가 그같이 모호한 위치를 차지한다는 사실과 아울러 시적 언어의 기능은 바로 그런 공간을 구성하는 것이라는 사실을 보여주고자 한다. 그렇게 이해할 때 시 속의 낱말들과 문장들은 다만 사물에 지나지 않는 것도 아니고 의미에 지나지 않는 것도 아니다. 그들은 대상-의미라는 묘한 복합체로 존재한다. 이것이 완전히 새로운 관점은 아니다.

　예컨대, 예술 일반에 대해서긴 하지만 해롤드 로젠버그(Harold Rosenberg)가 이미 다음과 같은 말을 했었다. "예술에 있어서는 관념들은 물질화되며, 물질들은 마치 의미처럼 다루어진다."[20]

　이것이 바로 사유를 토막 내는 방식과 대비되는, 예술의 지적인 측면에서의 장점이다. 바슐라르의 시학 역시 이와 같은 생각의 방향에서 이해될 수 있다. 그에 있어 시는 의미보다는 영상들(images)로 이루어지며 영상들, 더 정확히 말해 그가 시적 영상들이라고 부르는 것은 사유도 아니고 사물도 아닌 의식과 그 대상 사이의, 세계와 그것의 개념화 이전의 최초의 표상 사이의 가장 원초적인 관계를 가리킨다. 이런 경지에 이르면 시는 이제 단순히 무엇을 의미하거나, 표현하거나, 표상하기를 그친다. 시는 이제 의식과 대상, 인간과 세계 사이의 탯줄을 이루는 '펄떡펄떡 뛰는 고동으로의 귀환'[21]이고자 한다.

시는 의식과 그 대상 사이, 인간과 세계 사이를 원초적으로 맺어준다. 이 연결은 내가 존재론적인 조망과 의미론적인 조망에 대비해서 '미학적 조망'이라고 말할 때 뜻하는 바로 그것이다. 그것은 존재론적 조망과 의미론적 조망의 뒤틀린 관계를 가리킨다. 시 속의 낱말과 문장들은 눈앞의 대상을 객관적으로 나타내거나 표상해 보이기 위한 의식의 것이 아니다. 그것들의 기능은 가능한 한 인간과 세계, 즉자와 대자, 곧 대상과 그것의 개념 가운데 가로놓인 존재론적 조망과 의미론적 조망 사이의 틈을 좁히고 메우는 일이다. 다시 말해서 시어의 목적은 스스로를 미학적 조망으로 짜는 것이다. 그러한 목적에 도달하기 위해서는 시어가 무엇인가를 뜻하면서 동시에 뜻하지 말아야 하고, 표상하면서 동시에 제시해야 하는데, 그런다고 해도 고작해야 엇비슷하게 목적에 도달할 수 있을 뿐이다. 시에 자주 나타나는 빗댐, 낱말이나 문장의 의미가 갖는 모호함과 양의성, 별난 구문론적 배열에 의해서 언어매체 그 자체에 초점을 맞추는 일, 각운과 가락과 다른 얽히고설킨 장치들이 모두 소기의 미학적 조망을 얻어내고자 하는 갖가지 몸부림으로 볼 수 있다. 구문상의 혹은 의미상의 밀도와 같은, 이른바 굿맨이 말하는 미학적 징후(aesthetic symptoms)라는 것도 존재론적 조망과 의미론적 조망의 간격을 좁히려는 노력을 두고 한 말이다.[22]

시의 언어는 의미론적으로 긴장되어 있을 뿐만 아니라 밀도가 높다. 의미의 테두리가 일부러 희미하게 지워져 있기 때문에, 그것은 긴장을 고조시키고 대상을 표상하려고 하는 대신에 바로 대상 그 자체이고자 하기 때문에 밀도가 높아진다. 그러나 시적 작업의 목표는 모순에 차 있다. 시 속에서는 흔히 언어의 개념적인 의미가 그 자체를 사물로 변용시키기 위해서 희미하게 지워지지만, 그렇다고 해서 의미론적인 기능을 완전히 잃어버리지는 않기 때문이다. 만일에 시어가 완전히 사물이 되어 버린다면, 그것은 시로서는 실패한 경우다. 왜냐하면 그 경우에는 그것은 시가 되기를, 곧 어떤 의미를 담은 수레이기를 그치기 때문이다. 그러나 만일에 시어가 사물이 되는 데에 실패한다면, 그때도 시는 실패한다. 왜냐하면 그 기능이 전혀 충족되지 않기 때문이다.

시적 언어의 기능이 이와 같다면, 시적 지향은 무엇인가? 왜 시적 표현은 시공을 초월해서 우리를 감동시키는가? 시적 작업이 우리에게 가져다주는 성과는 결국 무엇인가?

즉자─대자의 종합과 미학적 조망의 완성

사르트르의 설명에 의하면 대자는 무로서 존재한다. 대자는 결핍존재다. 동시에 결핍존재는 즉자를 지배하는 인과적 결정으로부터 자유롭다. 결핍은 자유다. 자유에는 선택의 필연이 따르고, 선택에는 책임이 따르고, 책임에는 우리가 그토록 피하려 하는, 불안이 따른다. 따라서 불안으로부터의 종국적인 해방은 대자라는 우리의 궁극적인 실존조건을 극복할 때에만 비로소 실현될 수 있다. 대자의 목표는 그러므로 자신을 초월하는, 즉자로의 자기변신을 이루는 것이다. 그러나 이것이 모두는 아니다. 문제는 만일에 대자로서의 우리가 우리 자신을 사물로 (다시 말하면, 즉자의 양태로) 바꾸면 우리는 대자, 곧 의식이 되기를 그친다는 바로 그 사실로 말미암아 우리의 변형의 완성결과를 의식하기를 그칠 것이라는 데에 있다. 우리의 궁극적인 욕심은 즉자로 그냥 존재하는 것이 아니라 즉자로서의 완성된 자기존재를 '의식'하려는 것이다.

요컨대 우리가 진실로 원하는 것은 '즉자-대자의 종합'이다. 우리의 궁극목표는 즉자와 대자 사이에서 존재론적으로 줄타기를 하는 것이다. 그러나 서커스 곡예사와 달리 존재론적 곡예사는 실족할 운명에 있다. 사르트르적인 존재론의 관점에서 볼 때에 즉자와 대자의 종합이란 논리적으로 불가능하기 때문이다. 인간은 사르트르 말처럼, '부질없는 수난'이라고나 할까.

인간과 세계의 관계에 대한 우리의 조망 속에 옮겨 놓고 볼 때 사르트르가 말하는 인간의 궁극적 목표는 존재론적 조망과 의미론적 조망을 초월하면서 미학적 조망을 달성하고 유지하는 관점이다. 우리의 궁극적 가치는 존재론적 조망과 의미론적 조망으로부터 동시에 거리를 두는, 다시 말해서 동시에 대상이 되기를 그칠 뿐만 아니라 의식이 되는 것도 그치는 미학적 조망의 양태 속에 자리 잡는 것이다. 시를 통한 추구(아마도 예술 일반을 통한 추구 역시 그렇겠지만)는 미학적 조망의 양태 속에 있다. 모든 예술적 지향이 다 그런 것은 아니겠지만, 어쨌거나 시적 지향은 미학적이다.

예술 속에서 "가장 바람직한 것은 (중략) 거리를 완전히 없애 버리지는 않으면서 최소한으로 줄이는 것이다"23)라는 말은 이런 맥락에서 이해되어야 한다. 이렇게 풀이할 때 미학적 가치는 종국적 가치이며, 가치 자체이다. 따라서 우리는 디키(Dickie)처럼 미학적 가치와 다른 가치들 사이의 질적 차이를 인정하지 않는다든지 미학적 태도와 인식론적 태도를 동일시하는 잘못을 범하지 않아야 한다.24) 미학적 가치는 궁극적 가치인 까닭에 인간은 언제 어디서든지 안간힘을 다해서 그것을 실현하고자 한다. 사르트르에 따르면, 우리는 눈 내린 비탈길에서도 그런 가치를 실현한다. 썰매를 타고 눈 쌓인 비탈길을 미끄러져 내려올 때의 신나는 즐거움은 즉자와 대자 사이의 순간적인 균형을 실현하는 우리의 의식으로부터 온다고 한다. 주체로서의 썰매 타는 사람은 객체로서의 산을 온통 자기가 통제하고 있다고 느낌과 동시에 자신이 온통 객체인 산의 통제 하에 있다고 느낀다. 한 치만 발이 미끄러져도 그는 굴러 떨어져 버릴 것이기 때문이다. 우리가 사랑에서 이루려는 것도 마찬가지다. 나는 내 짝이 내 사랑의 대상이면서 동시에 자기에 대한 내 사랑을 시인해 주는 주체이기를 원한다. 결국 우리가 이와 같은 행위에서 종국적으로 바라는 것은 물리적인 만족이 아니라 미학적 조망의 양식 속에서 살 때에 이루어지는 존재론적 성취인 것이다.

시가 보편적이고, 시적 체험이 필연적으로 긍정적이라면, 그것은 시를 통한 추구가 이처럼 가장 본질적인 인간 열망에 뿌리를 박고 있기 때문이다. 시적 지향은 이렇게 해서 인간의 궁극적 목표를 성취하려는, 곧 존재론적인 조망과 의미론적인 조망 사이에 가로놓인 틈을 완전히 없애 버리지는 않으면서도 좁히고 또 좁혀감으로써 미학적인 조망을 실현하려는 언어 상의 시도로 보일 수 있다.

시는 많은 일을 할 수 있다. 지식을 가져올 수도 있고 정서를 이끌어낼 수도 있고 의미를 치장하는 단순한 장식의 기능을 할 수도 있다. 그것은 어떤 것이나 어떤 느낌을 표현할 수도 있고, 묘사할 수도 있고, 나타낼 수도 있다. 그것은 우리를 감동시킬 수도 있고, 웃길 수도 있고, 즐겁게 할 수도 있다. 그러나 이와 같은 기능은 모두 부차적인 것들이다. 시의 본질적 기능은 인식적인 것도 정서적인 것도 아닌, 우리가 고찰한 의미에서의 미학적인 것이다. 그 기능은 언어를 통해 즉자와 대자, 존재론적 조망과 인식론적 조망 사이의 긴장을 극복하는 데에 있다. 좌절로 끝나버릴 운명에 처해 있지만, 시적 지향은 우리의 궁극적 꿈이 드러나는 곳이다.

문학이 나아가야 할 길

이상에서 우리는 문학과 철학의 경계 넘나들기를 나름대로 시도해보았다. 그러나 이 작은 책자가 내가 꿈꾸는 종착점이라고는 생각하지 않는다. 나의 경계 허물기 또는 새로운 경계 만들기 작업은 계속될 것이고, 그 속에서 '나의' 문학과 철학이 보다 자유롭게 소통할 수 있는 날이 오리라 기대해본다. 혹 문학 전공자들이 이 책을 읽었다면, 철학적인 개념들이 지배적인 글로 비칠 가능성도 있으리라. 이런 점을 본인 스스로도 감지하고 있기에 문학이 현대의 과학·기술문명 앞에서 무엇을 할 수 있고, 어떤 역할을 해야 하는지를 마지막으로 몇 자 언급하면서 그것을 면죄부로 삼아볼까 한다.

현대문화를 과학기술문화라고 흔히들 말하는 데에는 충분

한 근거가 있다. 우리는 모든 삶의 영역에서 삶 자체, 인간 자체에 대한 견해에서 과학주의적 관점의 팽창을 목격하고, 그에 따르는 기술의 위력을 즐기며 동시에 위협을 느낀다. 과학적 지식 자체의 정당성을 부정할 수 있는 사람은 없을 것이고 기술이 가져오는 기적적 혜택을 입지 않는 사람은 없을 것이다. 그럼에도 불구하고 여러 사상가들에 의해서 과학주의, 기술 숭배에 대한 비판과 아울러 규탄의 소리가 제기되고 있다. 대표적인 사람들로 멀리는 베르그송, 좀 가까이는 하이데거 그리고 더욱 가까이는 마르쿠제 등을 들 수 있을 것이다.

이들이 과학에 반대하는 이유는 그것이 가져오는 과학적 기술의 효율성 때문이 아니다. 오히려 기술의 발달은 인간생활을 차츰 비인간화한다는, 자연세계뿐만 아니라 인간까지도 물질적이고 기계적인 것으로 환원시킨다는 것이 이들이 과학을 비판한 이유이다. 과학이 인간은 물론 자연현상까지도 인과적 법칙에 의해 기계적으로 설명하는 것을 가능하게 한다고 하자. 그러나 그 설명 자체가 바로 인간의 사고에 의해 발견된 것 아닌가. 따라서 인간이라는 존재는 자연법칙과 동일시될 수 없고, 그것에 환원될 수도 없다. 현대의 그릇된 과학주의에 의해서 인간이 비인간화되어 가고 있으며, 잘못된 기술의 횡포에 의해서 인간이 정신적 가치 대신 오로지 물질적 가치만을 강조하고 추구한다는 것은 그러므로 문제이다. 바로 여기에서 문학의 역할이 드러난다.

과학적인 입장에서 볼 때 문학이 드러내는 진리란 '원시적인 것' 아니면 근본적으로 '허구적인 것'일 수 있다. 문학은 오로지 극복되어야 할 비합리적인 감정의 표시에 지나지 않는다고나 할까. 이렇듯 문학의 존재는 과학에 의해 의심되고 위협받는다. 그러나 만일 문학의 기능에 힘입어 인간의 인간됨으로서의 표현, 삶에 대한 반성과 비판, 그리고 새로운 현실에 대한 계기 등이 가능하다는 것, 다시 말해 문학은 곧 삶의 가치에 대한 모색이며 비판이며 검토라는 것을 인정한다면 그때에서야 비로소 인간의 인간성을 부정하는 과학기술시대가 문학을 통해 치유될 가능성이 생긴다. 이때의 '문학'을 우리는 '인간성의 마지막 보루'라 할 수 있을 것이다. 이러한 보루 위에서 우리는 보다 적극적으로 우리를 위협하는 사회, 가치관과 세계관에 대해 비판하고 과학적, 기술적 이데올로기를 폭로하고 고발해 우리들 삶의 참다운 모습을 되찾아야 할 것이다. 만약 오늘의 작가가 이러한 현 상황에 무감각하다면 그는 결코 뜻있는 작품을 창조하지 못할 것이다.

물론 문학이라는 특수성이 있기는 하지만, 문학은 역시 위와 같은 활동을 통해 새로운 가치를 창조할 수 있는 힘과 역량을 갖고 있다. 만약 이러한 임무를 등한시한다면 문학이란 자신의 가치와 존재이유를 포기하는 것이나 다름없다.

문학에 있어서의 문학성은 언어가 언제나, 한 작품마다 새로운 언어가 되어야 한다는 데 있다. 새로운 언어라 함은 작가가 새로운 언어를 발명한다는 말이 아니라 같은 현상이나 사실, 혹은 경험이 새로운 관점에 의해서 새로운 질서로 세우고,

그러한 질서에 의해서 작가 혼자만을 위한 것이 아닌 모든 사람들을 위한 현상과 사실·경험 등을 새로운 눈으로 보고 이것을 모두에게 의식하게 하는 데 있다. 이러한 활동은 간접적이나마 정치적, 사회적 비평보다 더 근본적이고 혁명적인 성격을 갖게 된다.

작가가 새로운 질서를 세워 보인다는 것은 새로운 문체나 구성, 새로운 스타일을 끊임없이 발명해야 한다는 말이기도 하다. 말하자면 작가는 무엇보다도 자기가 사용하고 있는 도구로서의 언어에 가장 충실해야 한다. 그럴 때 비로소 언어는 도구이기를 그치고 그 내용 자체와 더불어 도약이 가능하다.

그러므로 특히 오늘과 같이 정치·사회·경제적으로 각박하고 여유라곤 찾아볼 수 없는 상황 속에서는 이를 극복하기 위한 작가들의 고민과 노력이 그 어느 때보다도 절실하다. 문학은 시대를, 현실을 등질 수 없다. 문학적 가치는 막연한 것이 아니며 사회적 혹은 정치적 가치보다 중요하다. 실존적 고민과 선택을 통해 작가는 우리의 미래를 고민해야 할 때이다.

주

1) 박이문, 「철학적 허구와 문학적 진실」, 『철학전후』, 문학과 지성사, 1993 ; 「문학의 철학적 성찰」, 『철학과 문학』, 민음사, 1995 참조.

2) 박이문, 「분석과 서술」, 『문학 속의 철학』, 일조각, 1975 참조.

3) Maurice Merleau-Ponty, *La Phénoménologie de la Perception*, Gallimard, 1945 참조.

4) Marjorie Grene, *New approaches to a philosophical Biology*, Basic Books, 1968 참조.

5) Stanley Burnshaw, *The Seamless Webb*, Braziler, 1970, p.169.

6) Gaston Bachelard, *La Poétique de la Rêverie*, José Corti, 1960, p.36.

7) Ibid., p.XXVIII.

8) _____, *The Poetics of Space*, trans. by Maria Jolas, Orion Press, 1969, p.106.

9) _____, *La Poétigue de la Rêverie*, José Corti, 1960, p.15.

10) Jean-Pierre Richard, *Poésie et Profondeur*, 1955, p.9.

11) _____, *Onze Études sur la Poésie Moderne*, Seuil, 1964, p.8.

12) 졸고, 「문학비평의 기능과 그 한계」 ; 보다 철학적인 점에선 Jacques Derrida, *La Voix et le Phénomène*, P.U.F., 1967 참조.

13) cf. Ynhui Park, "The Function of Fiction", in *Philosophy and Phenomenoligical Research*, vol. XLII, n°3, Brown University Press, March 1982.

14) Justus Buchler, *The Main of Light*, 1974, p.149.

15) Ibid., p.173.

16) Nelson Goodman, *Ways of Worldmaking*, Indianapolice, 1978, p.107.

17) Ibid., p.140.

18) Paul Ricoeur, *Interpretation Theory*, Fort Worth, 1976, p.37.

19) Merle Brown, "Intuition and Perception in the Poetry of Charles Tomlinson", in *The Journal of Aesthetics and Art Criticism*, Spring 1979, pp.279~280.

20) Harold Rosenberg, "Art and Words", in *Idea Art*, ed. Gregory Battcock, 1973, pp.163~164.

21) Gaston Bachelard, *Lautréamont*, 1940, p.58.

22) Nelson Goodman, *Language of Art*, Indianapolice, 1976, pp.253~255 ; *Ways of Worldmaking*, pp.67~68.

23) Edward Bullough, "Psychological Distance", in *The British Journal of Psychology* 5, 1972, p.93.

24) George Dickie, "The Myth of the Aesthetic Attitude", in *Aesthetics*, ed. John Hospers, 1969, pp.28~44.

박이문의 문학과 철학 이야기

초판발행 2005년 5월 10일 | 2쇄발행 2007년 9월 5일
지은이 박이문
펴낸이 심만수 | 펴낸곳 (주)살림출판사
출판등록 1989년 11월 1일 제9-210호

주소 413-756 경기도 파주시 교하읍 문발리 파주출판도시 522-2
전화번호 영업・(031)955-1350 기획편집・(031)955-1357
팩스 (031)955-1355
이메일 salleem@chol.com
홈페이지 http://www.sallimbooks.com

ISBN 89-522-0375-5 04080
      89-522-0096-9 04080 (세트)

값 3,300원